NCS

한국 어촌어항공단

직업기초능력검사

초판 발행 2019년 10월 30일
2쇄 발행 2021년 3월 31일

편 저 자 | 취업적성연구소
발 행 처 | ㈜서원각
등록번호 | 1999-1A-107호
주 소 | 경기도 고양시 일산서구 덕산로 88-45(가좌동)
교재주문 | 031-923-2051
팩 스 | 031-923-3815
교재문의 | 카카오톡 플러스 친구[서원각]
영상문의 | 070-4233-2505
홈페이지 | www.goseowon.com
책임편집 | 최주연
디 자 인 | 이규희

▷ ISBN과 가격은 표지 뒷면에 있습니다.
▷ 파본은 구입하신 곳에서 교환해드립니다.

PREFACE

우리나라 기업들은 1960년대 이후 현재까지 비약적인 발전을 이루었다. 이렇게 급속한 성장을 이룰 수 있었던 배경에는 우리나라 국민들의 근면성 및 도전정신이 있었다. 그러나 빠르게 변화하는 세계 경제의 환경에 적응하기 위해서는 근면성과 도전정신 이외에 또 다른 성장 요인이 필요하다.

최근 많은 공사·공단에서는 기존의 직무 관련성에 대한 고려 없이 인·적성, 지식 중심으로 치러지던 필기전형을 탈피하고, 산업현장에서 직무를 수행하기 위해 요구되는 능력을 산업부문별·수준별로 체계화 및 표준화한 NCS를 기반으로 하여 채용공고 단계에서 제시되는 '직무 설명자료'상의 직업기초능력과 직무수행능력을 측정하기 위한 직업기초능력평가, 직무수행능력평가 등을 도입하고 있다.

한국어촌어항공단에서도 업무에 필요한 역량 및 책임감과 적응력 등을 구비한 인재를 선발하기 위하여 고유의 직업기초능력평가를 치르고 있다. 본서는 채용대비를 위한 필독서로 한국어촌어항공단의 직업기초능력평가의 출제경향을 철저히 분석하여 응시자들이 보다 쉽게 시험유형을 파악하고 효율적으로 대비할 수 있도록 구성하였다.

신념을 가지고 도전하는 사람은 반드시 그 꿈을 이룰 수 있습니다. 처음에 품은 신념과 열정이 취업 성공의 그 날까지 빛바래지 않도록 서원각이 수험생 여러분을 응원합니다.

STRUCTURE

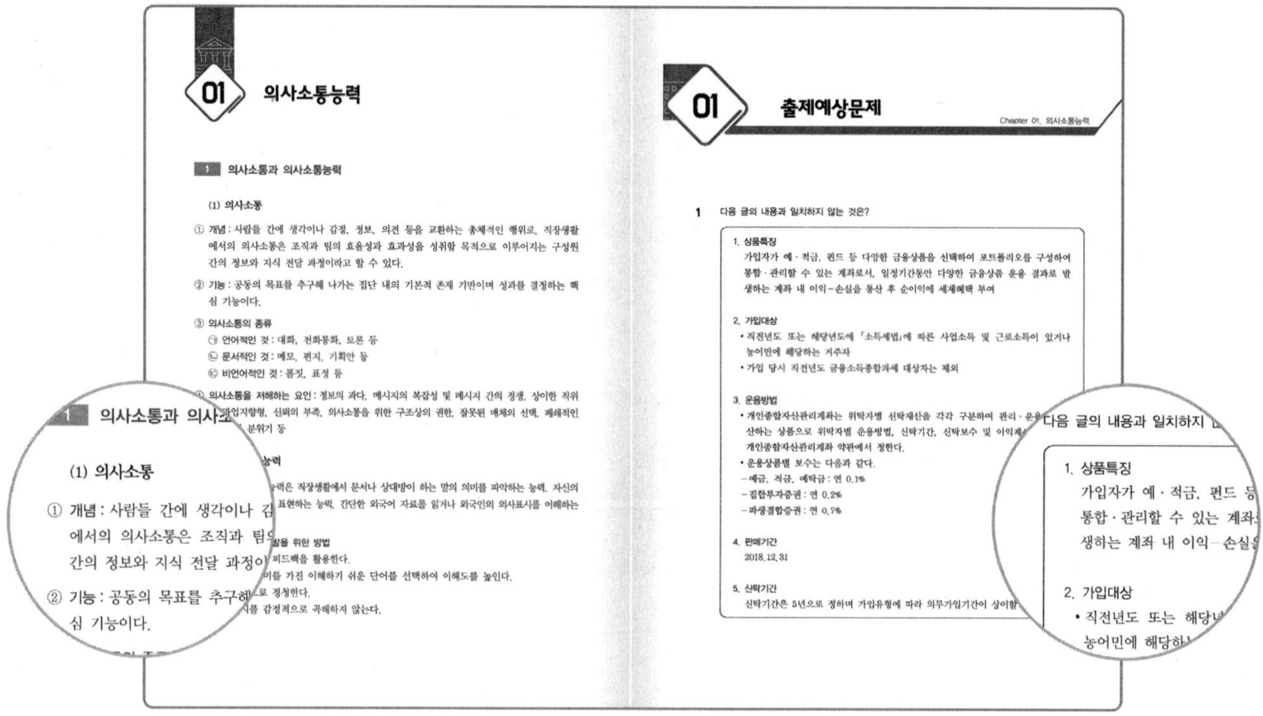

핵심이론정리

NCS 기반 직업기초능력평가에 대해 핵심적으로 알아야 할 이론을 체계적으로 정리하여 단기간에 학습할 수 있도록 하였습니다.

출제예상문제

적중률 높은 영역별 출제예상문제를 상세하고 꼼꼼한 해설과 함께 수록하여 학습효율을 확실하게 높였습니다.

인성검사 및 면접

실전 인성검사와 함께 성공취업을 위한 영어면접과 면접기출을 수록하여 취업의 마무리까지 깔끔하게 책임집니다.

CONTENTS

PART I

한국어촌어항공단 소개

01 기업소개 및 채용안내

1 기업소개

(1) 개요

한국어촌어항공단은 「어촌 · 어항법」 제57조에 따라 설립된 해양수산부 산하 공공기관으로서 어촌 · 어항 · 어장 분야의 다양한 사업을 통해 활력 있는 어촌, 쾌적한 어항, 풍요로운 어장을 만들어 가고 있다.

① 성격 … 특수법인(어촌 · 어항법), 공공기관(공운법), 보조기관(정부지원)

② 설립근거 … 「어촌 · 어항법」 제57조

③ 설립목적 … 어촌 및 어항의 개발 및 관리, 어장의 효율적인 보전 및 이용, 관련 기술의 개발 · 연구, 관광 활성화 등을 효율적으로 수행하기 위함

④ 주요기능

㉠ 어촌 · 어항 및 어장에 관한 조사 · 연구 및 정보화

㉡ 어촌 · 어항의 개발 · 관리 및 이와 관련된 기술개발과 국제협력

㉢ 어촌 및 어항 관계자에 대한 교육 · 훈련

㉣ 어촌종합개발사업 및 어항개발사업에 수반되는 조사 · 측량 · 설계 · 감리 및 기술에 관한 용역업무 또는 시설물 안전점검 · 유지 · 보수 및 준설에 관한 위탁업무

㉤ 국가 · 지방자치단체 또는 공공단체가 위탁하는 사업

㉥ 어촌 · 어항 및 연안수역의 정화 · 정비 · 조사와 관련된 사업

㉦ 어촌 · 어항과 관련된 도서의 발간 · 보급 및 홍보

㉧ 어촌 · 어항 및 어장과 관련된 관광자원의 개발 · 관리 및 관광 활성화 사업

㉨ 그 밖에 공단의 목적달성을 위하여 필요한 사업

(2) 비전과 전략(2019 ~ 2023)

① 미션 및 비전

미션	해양수산의 미래가치 창출을 통해 국가 균형발전과 국민 삶의 질 향상에 기여한다.
비전	살기 좋은 어촌과 풍요로운 바다공간을 조성하는 1등 해양수산 전문기관
비전 슬로건	활력 있는 어촌! 쾌적한 어항! 역동하는 어장!

② 핵심가치 및 경영목표

핵심가치	성장	도전	국민행복	혁신
경영목표	사업예산규모 6,200억	신규미래사업 매출액 비율 80%	일자리 창출개수 3,700개	사업수행 효율성 11억

③ 전략목표 및 전략과제

전략목표	전략과제
사업경쟁력 강화	• 어촌경쟁력 강화 • 어촌지역 활성화 지원 • 효율적 어항관리체계 구축 • 어장의 친환경 생태계 조성 확대
미래성장기반 확립	• 어촌 · 어항 재생 • 어장 지속성장동력 확보 • 수산어촌 정보 고도화 • 대외협력사업 활성화
사회적 가치 실현	• 동반성장/상생경영 강화 • 공유가치 창출 • 국민행복서비스 확대 • 안전하고 투명한 경영체계 확립
경영관리체계 고도화	• 경영자원관리 강화 • 전문인재 육성체계 확보 • 지속가능 경영기반 구축

(3) 사업소개

① 활력 있는 어촌

㉠ 일반농산어촌개발(어촌)

- 어촌지역 주민 소득 및 기초생활수준 향상
- 어촌 인구유지 및 특화 마을 조성에 기여
- 유 · 무형 자원을 기반으로 주민주도형 특화개발사업 추진
- 맞춤형 지역주민 역량강화 프로그램을 통해 현장 중심의 지역특성에 맞는 프로그램 발굴 · 교육

㉡ 어촌6차산업화 : 어촌의 유 · 무형 자원을 활용, 어촌주민 주도로 특화계획에 따라 1 · 2 · 3 차 산업과 융합 · 연계를 통해 새로운 부가가치를 창출함으로써 어촌경제 활성화에 기여

㉢ 어촌활력기반구축(어촌 · 해양관광 활성화)

- 어촌관광 활성화로 어업 외 소득 증대 및 국민 휴식, 체험공간 제공
- 어촌과 도시민의 교류를 촉진하여 상호 보완을 통한 발전 도모
- 자발적 주민참여를 통한 역량강화로 지속가능한 어촌 육성

㉣ 귀어 · 귀촌 활성화 : 귀어 · 귀촌인에 필요한 귀어귀촌 관련 교육, 홍보, 컨설팅, 상담 등을 종합적으로 제공하여 귀어 · 귀촌 활성화 도모

㉤ 낚시산업 선진화

- 낚시전문교육 시행을 통해 낚시터업자, 낚시어선업자 및 선원에게 안전관리 및 수산자원보호 등에 대한 전문지식을 습득하게 함으로써 낚시인의 안전사고 예방 및 수생태계를 보호
- 수요자 중심의 맞춤형 낚시 관련 정보를 선제적 · 능동적으로 제공하여 국민의 알권리 충족과 건전한 낚시문화 조성, 낚시산업 지역경제 활성화 도모

㉥ 어촌개발사업 관리시스템 구축 : 어촌개발사업의 성공적 추진을 위해 종합적이고 체계적인 맞춤형 생애주기 관리시스템 구축으로 업무 효율성, 투명성 제고

㉦ 어업유산관리

- 지속적으로 어촌의 유·무형자원을 발굴하여 국가중요어업유산으로 관리·지정함으로써 어촌방문객 증대 및 지역경제 활성화 도모
- 전통어업기술과 어촌의 다원적 자원 및 생물다양성을 보전·활용하여 인류문화 발전에 기여

② 쾌적한 어항

㉠ 어항 안전점검

- 국가어항 기본시설에 대한 안전점검과 적정한 유지관리를 통하여 시설물의 기능과 안전 유지 및 재해예방 도모
- 어항 시설물에 대한 효율적인 안전관리 체계 구축, 노후시설 또는 취약시설에 대한 적기 보수 및 보강 대책을 수립함으로써 예산절감 및 재해예방정비 체제 확립

㉡ 어항 유지보수

- 국가어항 시설물 유지보수를 통해 어항시설 이용자의 안전 확보 및 시설물 내구연한 증대
- 태 · 폭풍 등에 의한 시설물 재해예방 강화
- 지역어민의 민원해결 및 어항이용의 안전과 활성화에 기여

㉢ 어항관리선 운영

- 국가어항 및 지방어항의 부유 · 침적폐기물(폐어망, 폐어구 등)을 수거하여 쾌적한 어항 환경 조성
- 어선의 안전 정박 및 입·출항 장애물인 폐토사 등 퇴적물을 제거하여 어항의 적정기능 유지 및 위생환경 개선

㉣ 어촌 뉴딜사업

- 어촌이 보유한 핵심자원을 활용하여 차별화된 콘텐츠를 발굴하고 어촌 · 어항 통합개발을 통하여 사업효과 극대화 도모
- 어항 및 항 · 포구를 중심으로 인접한 배후 어촌마을을 포함한 통합개발로 사회 · 문화 · 경제 · 환경적으로 어촌지역의 활력 도모

㉤ 어촌어항관리시스템 구축

- 국가어항 운영관리, 안전 및 재해예방, 환경관리, 건설사업 관리 등 통합정보제공 시스템 마련으로 행정효율 제고 및 대국민 서비스 강화
- 어촌과 어항의 통합 연계발전방안 마련을 위한 기초 정보 제공

㉥ 국가어항 기초조사

- 6차 산업화 공간으로 변화하는 국가어항 현황 및 이용실태 대한 다양한 이용현황을 전면적으로 파악하고 이를 데이터베이스(DB) 구축
- 구축된 DB를 활용하여 어항개발사업에 대한 상시 모니터링 및 성과평가 체계 구축을 지원하고 이를 통한 효율적인 어항정책 수립에 활용

③ 역동하는 어장

㉠ 유류피해지역 환경개선

- 허베이스피리트호 유류오염사고로 피해를 입은 어장의 환경개선 사업 추진을 통하여 수산자원 회복과 어업인 생계지원으로 어업인 소득증대 도모
- 어장의 환경개선을 통한 지속가능한 어업생산 기반구축으로 국민에게 양질 수산물의 지속적 공급

㉡ 연근해어장 생산정 개선지원 : 연근해 수산자원의 산란 · 서식장의 유실 · 침적된 어구 수거를 통한 수산자원 생산 환경을 개선함으로써 지속가능한 어업생산 기반 구축 및 어업인 소득증대 도모

㉢ 마을 · 양식어장 보전 : FTA체결 등 국제 수산업 여건변화에 대비하여 지속가능한 친환경 양식어장 개발로 어업자원의 증강 및 김 양식산업 등의 경쟁력 강화를 통한 어업인 소득증대 도모

㉣ 갯벌 생태계 복원 : 근소만갯벌 생태계복원사업을 통한 서식지 기후변화 대응, 수산자원 증대 및 해양관광 활성화 도모

- 고창 갯벌 습지보호구역 인접한 고창군 심원면 고전리 일대의 미사용 양식장 방조제를 철거하여 해수를 유통시켜 갯벌생태계를 복원
- 복원된 갯벌생태계로 인한 생물다양성 증대, 생태계서비스 증진, 생태관광 연계 등으로 지역경제 활성화 기반 구축

㉤ 친환경 · 스마트 양식기반 조성

- 고부가가치 창출을 위한 친환경적 선진 양식기술 지원을 통하여 어업인 소득증대 기여
- 교육에서 창업까지 One-Stop으로 지원하여 수산업 인력 확충 및 신규 일자리 창출 도모

㉥ 친환경 양식기술 이전 · 창업지원

- 고부가가치 창출을 위한 친환경적 선진 양식기술 지원을 통하여 어업인 소득증대 기여
- 교육에서 창업까지 One-Stop으로 지원하여 수산업 인력 확충 및 신규 일자리 창출 도모

㉦ 조사 및 연구

- 양식품종별로 구체적인 청소 주기와 방법을 정하여 어장청소의 편의 도모
- 어장의 환경을 보전 · 개선함으로써 지속가능한 어업과 양식업 생산의 기반을 조성
- 어장환경 개선을 위한 제도도입으로 안전한 수산물 먹거리 확보
- 전국적으로 어장청소의 통일적인 관리 기반 구축

④ 국제협력 및 기술교류

㉠ 어촌 · 어항 조사연구

- 어촌의 종합적이고 체계적인 정비 및 개발과 어항(漁港)의 지정 · 개발 및 관리에 대한 어촌 · 어항의 효율적 정책발전 추진
- 6차 산업화 공간으로 변화하는 국가어항 현황 및 이용실태 대한 다양한 이용현황을 전면적으로 파악하고 이를 데이터베이스(DB) 구축

㉡ 한일 어항어장기술교류회의

- 조사단 파견국 및 대상, 범위의 확대로 국가 및 기업의 정책 및 기술발전의 효과 증대
- 공단의 교육연수 기능 활성화 도모
- 외국의 관련시책과 및 환경실태를 조사하여 국제적 식견과 기술관리능력 배양

㉢ 해외 수산기반조사단 파견 : 양국의 수산업 기반의 기술발전을 위한 정보교환 및 기술교류협력과 양국 수산관계자의 유대강화

㉣ 일본 전국어항어장대회 참가 : 정보의 공유와 교류의 범위 확대

(4) 어항과 어촌

① 어항

㉠ 정의 : "어항"이라 함은 천연 또는 인공의 어항시설을 갖춘 수산업근거지로서 「어촌 · 어항법」 제17조의 규정에 따라 지정 · 고시된 것을 말함

㉡ 역할과 기능

역할	기능
어업활동 지원기지	• 어선의 안전 정박으로 어업인의 생명과 재산 보호 • 어획물의 양륙장 • 출어 준비 장소(어구의 준비, 급유, 급수, 어선의 수리 등)
수산물 유통기지	• 수산물 위판 및 판매, 출하기지 • 냉동 · 냉장 등 수산물 보관 • 수산물 가공공장 등 상품 생산기지
어촌 등 지역사회 기반시설으로서의 역할	• 어촌주민의 생활 기반 및 정주여건 조성 • 어촌지역 경제의 중심지 • 도서, 벽지의 어촌과 외부 사회를 잇는 교통, 정보의 기지
도시지역 주민의 휴식 공단	• 바다낚시, 방파제 산책, 문화공연, 관광유람, 마리나 등 어촌 · 해양 관광의 중심지 • 어촌의 문화 · 생활을 활용한 바다체험 학습장소

② 어촌

㉠ 정의 : “어촌”이란 하천 · 호수 또는 바다에 인접하여 있거나 어항의 배후에 있는 지역 중 주로 수산업으로 생활하는 다음의 어느 하나에 해당하는 지역을 말함

- 읍 · 면의 전 지역
- 동의 지역 중 「국도의 계획 및 이용에 관한 법률」 제36조 제1항 제1호에 따라 지정된 상업지역 및 공업지역을 제외한 지역

㉡ 역할과 기능

역할	기능
수산물의 생산 · 유통기지	• 수산물 위판 및 판매, 출하기지 • 냉동 · 냉장 등 수산물 보관 • 수산물 가공공장 등 상품 생산기지
지역사회 기반시설	• 어촌주민의 생활 기반 및 정주여건 조성 • 어촌지역 경제의 중심지 • 도서, 벽지의 어촌과 외부 사회를 잇는 교통, 정보의 기지
관광 · 체험 · 교육시설	• 바다낚시, 방파제 산책, 문화공연, 관광유람, 마리나 등 어촌 · 해양 관광의 중심지 • 어촌의 문화 · 생활을 활용한 바다체험 학습장소

2 채용안내

(1) 채용분야 및 응시자격

① 분야별 채용 요건

㉠ 제한경쟁채용

구분		직급	분야	근무지	인원(명)	응시자격요건(접수마감일 기준 모든 조건 충족)
일반직	경력	일반 3급	재무 · 회계	서울	1	공인회계사(또는 세무사) 자격증 소지 자로 해당분야 경력 6년 이상인 자, 또는 해당분야 경력 15년 이상인 자, 또는 박사학위 소지자로서 해당분야 경력 6년 이상인 자
		일반 5급	건축	목포	1	해당분야 경력 3년 이상인 자
				창원	1	
			정보화(일반)	서울	1	
	신입	일반 5급	선박(항해)	서울	1	• 6급 이상 항해사 면허 보유한 자 • 상급안전교육, 레이더시뮬레이션교육 모두 이수한 자로 임용예정일('21.4.30.) 기준 유효하여야 함 • 선원법에 따른 건강검진 등 임용즉시 승선가능한 자
				제주	1	

㉡ 일반경쟁채용

구분		직급	분야	근무지	인원(명)	응시자격요건(접수마감일 기준 모든 조건 충족)
일반직	신입	일반 5급	토목	서울	1	해당분야 업무수행 능력이 있는 자
			토목(도시계획)	서울	2	
				목포	1	
				창원	2	
				제주	1	
			사무	서울	7	
				목포	1	
				창원	1	

② 공통 자격요건

구분	자격요건
학력 및 전공	제한 없음 ※ 단, 졸업예정자는 최종합격 시 20년 2월말까지 졸업증명서를 제출하여야 함
연령	제한 없음 ※ 단, 공단 인사규정 제46조에 따른 정년(만 60세) 미만인 자
병역	병역법 제76조에서 정한 병역의무 불이행 사실이 없는 자
어학점수	제한 없음
기타	「국가공무원법」 제33조 및 공단 인사규정 제13조 규정에 의한 결격사유에 해당하지 아니한 자

③ 우대사항 및 자격증

항목			가산점	적용전형	내용
우대사항	취업지원대상자		법령에 따름 (5%, 10%)	전 전형	「국가유공자 등 예우 및 지원에 관한 법률」 등에 의한 취업지원대상자
	장애인		5%	서류/면접	「장애인고용촉진 및 직업재활법」 및 「장애인복지법」에 따른 장애인
	기초수급자		2%	서류	「국민기초생활보장법」에 의한 수급자
	비수도권 지역인재		1%	서류	최종학력(석사이상은 학사 기준)을 기준으로 서울 · 경기 · 인천지역을 제외한 비수도권 지방학교를 졸업(예정) · 중퇴한 자 또는 재학 · 휴학 중인자(기재부 비수도권 지역인재 매뉴얼 준용)
	공단 근무 경력자	6개월~1년 미만	2%	서류	공단 홈페이지 및 공공기관 채용정보시스템(잡알리오)에 게시된 공단(또는 한국어촌어항협회) 채용공고에 지원하여 기간제계약직(청년인턴 제외)으로 근무한 경력으로, 경력 인정기간은 신규 채용공고 원서접수 마감일 기준 3년 이내 경력에 한함
		1년~1년 6개월 미만	2.5%		
		1년 6개월 이상	3%		
사회형평적 인력 채용목표제				서류/필기	• 사회형평적 인력은 「국가유공자 등 예우 및 지원에 관한 법률」 등에 의한 취업지원대상자 및 「장애인고용촉진 및 직업재활법」 및 「장애인복지법」에 따른 장애인에 한함 • 모집단위별 사회형평적 인력에 해당하는 자의 경우 서류전형과 필기전형에서 합격선 −20점 이내 고득점자순으로 합격예정인원의 20% (소수점올림)까지에 해당하는 자를 당초의 합격예정인원을 초과하여 추가 합격 처리

양성평등 채용목표제	서류/필기	모집단위별 어느 한 성(性)의 합격자가 서류전형, 필기전형 선발인원의 30%(소수점버림)에 미달하는 경우, 합격선 -3점 이내 목표미달 성별 응시자 중에서 고득점자 순으로 목표미달 인원만큼 당초의 합격예정인원을 초과하여 추가 합격 처리
자격증	서류	직무별 가점 자격증 리스트 참조

※ 접수마감일 기준 유효하게 등록된 자에 한하며 추후 법정 또는, 공인된 기관 등에 의한 객관적인 증빙서류를 제출해야함

※ 우대가점이 중복되는 경우 최상위 1개만 인정

(2) 전형절차 및 일정

① 채용절차 … NCS 기반 블라인드 채용

서류전형(10배수) ▶ 필기전형(5배수) ▶ 면접전형 ▶ 신체검사 및 결격사유조회

② 채용일정

전형절차	일정	비고
공고	3.9(화)~3.23(화)	• 공단 홈페이지, 알리오 등
지원서 접수	3.16(화)~3.23(화) 13:00	• 온라인 접수(채용 홈페이지) - 인터넷 주소 별도 공지 - 우편, E-mil 및 방문접수 불가
서류전형 합격자 발표	3.31(수) 18:00 이후	• 채용 홈페이지
필기시험	4.3(토)	• 장소 및 시간 추후 공지
필기전형 합격자 발표	4.6(화) 18:00 이후	• 채용 홈페이지
면접전형	4.12(월)~4.16(금)	• 장소 : 공단 본사(서울 금천구) • 지원서 증빙서류 지참(별도 공지)
면접전형 합격자 발표	4.20(화) 18:00 이후	• 채용 홈페이지
신체검사 · 결격사유조회	4.21(수)~	• 세부 서류 별도 공지
최종합격자 발표	4.27(화)	• 공단 홈페이지 및 채용 홈페이지
인사발령(예정)	4.30(금)	-

③ 전형기준

전형	구분	평가기준 및 평가방법
서류 전형	경력직	• 자격증, 경력사항, 한국사능력, 자기소개서, 직무수행계획서, 우대가점 등
	신입직	• 교육사항, 자격증, 한국사능력, 공공기관청년인턴, 자기소개서, 우대가점 등
필기 전형	전 직무	• NCS기반 직업기초능력검사(의사소통능력, 수리능력, 문제해결능력) • 인성검사
	재무 · 회계 (일반 3급)	• NCS기반 직업기초능력검사(의사소통능력, 수리능력, 문제해결능력) • 인성검사 • 직무능력검사 실시(재무 · 회계 분야 4년제 대학 졸업자 수준)
면접 전형	전 직무	• 집단면접 및 개별면접 - 전문성, 직장인으로서의 자세 및 인품, 잠재능력 및 발전가능성, 의사발표 및 표현력, 직장능력 등

02 관련기사

"귀어귀촌종합센터, 귀어귀촌 상담의 질을 높이다."

－2021년 귀어귀촌 상담업무 관계자 1분기 워크숍 개최

한국어촌어항공단 귀어귀촌종합센터(센터장 이진형, 이하 종합센터)는 9일, 귀어귀촌종합센터 및 전국 귀어귀촌지원센터, 귀어학교 등 귀어귀촌 관련 기관의 상담업무 담당자 역량 강화와 상담 일관성 유지를 위한 '2021년 1분기 귀어귀촌 상담업무 관계자 워크숍'을 개최했다.

코로나19 확산 방지를 위해 비대면 영상회의로 개최된 이번 워크숍에서는 귀어귀촌 정책 현황 및 발전 방향 공유를 시작으로, 귀어귀촌 관련 정부 지침 설명, 귀어창업 자금 은행 실무 및 기타 정책자금 안내 등 귀어귀촌 희망인들이 가장 궁금해하는 정보를 공유했다.

종합센터는 이번에 개최된 워크숍을 시작으로 2021년 분기별로 총 4회의 귀어귀촌 상담업무 관계자 워크숍을 실시하여 상담을 통해 귀어귀촌 희망인들이 보다 정확하고 자세한 귀어귀촌 정보를 얻을 수 있도록 조치할 계획이다.

이진형 센터장은 "귀어귀촌 희망인들이 귀어귀촌을 준비하면서 일관적이고 정확한 귀어귀촌 정보를 얻는 것이 중요하다"며 "귀어귀촌 상담업무 관계자 워크숍을 시작으로 전국 귀어귀촌 관련 기관들과 함께 상담의 질을 높이기 위해 지속적으로 노력할 예정이다"라고 밝혔다.

2021. 3. 9.

면접질문

- 귀어귀촌 종합센터에서 어떠한 일을 하는 지 말해보시오.
- 귀어귀총인 증진을 위해 우리 공단은 어떠한 역할을 하고 있는 지 말해보시오.

한국어촌어항공단-장흥군, 우산항 어촌뉴딜사업 기본 및 실시설계 착수보고회 개최!

– 우산항 어촌뉴딜사업 기본계획과 주요 이슈 사항에 대해 공유

한국어촌어항공단 서남해지사(지사장 성상봉, 이하 지사)와 장흥군(군수 정종순)은 지난 2월 25일, 장흥군 관산읍 일대에서 장흥군 우산항 어촌뉴딜사업 기본 및 실시설계 보고회를 마쳤다고 2일 밝혔다.

이번 보고회는 공단 어촌뉴딜사업 담당자와 장흥군 관계자를 비롯해 설계사, 지역주민이 참석한 가운데 진행됐으며, 지사와 장흥군은 우산항 어촌뉴딜사업 기본계획과 기본 및 실시설계 착수 관련 주요 이슈 사항에 대해 공유했다.

특히, 어촌뉴딜사업의 가장 큰 특징인 주민주도형 상향식 사업의 기본취지와 지역주민들의 숙원사업 위주로 사업콘텐츠가 구성되었음을 설명하였으며, 사업추진에 있어 주민들의 적극적인 의견 개진과 협조를 당부하였다. 이어 참석자들을 대상으로 충분한 질의응답 시간을 가지면서 사업에 대한 궁금증을 해소하는 시간을 가졌다.

지사 어촌뉴딜사업 관계자는 "장흥군 우산항 어촌뉴딜사업에 약 95억이 투입될 예정이다."라며 "이번 기본 및 실시설계 착수보고회를 시작으로 설계, 공사발주, 건설사업 등 이후 프로세스에 대해 체계적인 관리시스템을 구축하여 어촌·어항 성공모델을 마련하는 데 더욱 힘쓰겠다."라고 말했다.

2021. 3. 2.

면접질문	• 대표적인 어촌 뉴딜 사업의 사례를 들어보시오. • 어촌 뉴딜 사업에서 주민주도형 상향식 사업이 중요한 이유를 말해보시오.

공공건축물의 품격을 높이고, 이용자 중심의 건축물 건립을 위해 '박차'

– 한국어촌어항공단, '부산 기장군 동암항 어촌뉴딜사업' 건축설계 제안공모 공고

한국어촌어항공단 동남해지사(지사장 강현상, 이하 지사)는 '부산 기장군 동암항 어촌뉴딜사업' 건축설계공모를 '제안공모' 방식으로 진행한다고 26일 밝혔다. 이번 설계 공모는 건축 · 도시계획 · 조경 분야 민간전문가로 구성된 심사위원회의 심사를 통해 우수 공모안을 선별하여 당선작을 결정한다.

향후 지사는 이번 설계공모를 통해 씨푸드존 조성 및 주민커뮤니티 공간 복합화(동암해녀복지회관, 동암마을회관)사업을 추진하여 지역성을 살린 관광거점 마련 및 마을 경제 활성화 도모하고자 한다.

또한, 부산광역시 기장군 기장읍 시랑리 일원에 연면적 약 410m^2 규모로 씨푸드존 조성과 동암해녀복지회관 리모델링, 동암마을회관 내부 정비 사업 등을 본격화할 예정이다.

지사 관계자는 "설계공모 현장 설명회는 코로나19로 인해 생략됐으며, 3월 3일 참가등록 후 제안서 발표 및 심사를 거쳐 3월 23일 심사결과를 발표할 예정이다."라며 "지사는 공공건축물의 품격을 높이고, 이용자 중심의 건축물 건립을 위해 최선을 다하겠다."고 밝혔다.

보다 자세한 사항은 한국어촌어항공단 홈페이지(www.fipa.or.kr)〉공지사항에서 확인할 수 있다.

2021. 2. 26.

면접질문	• 활력 있는 어촌을 위해 우리 공단에서 진행하고 있는 사업에 대해 아는 대로 말해보시오. • 우리 공단에서 시행하고 있는 어촌의 6차사업화로 인한 성과에 대해 말해보시오.

PART Ⅱ

NCS 직업기초능력

01 의사소통능력

1 의사소통과 의사소통능력

(1) 의사소통

① 개념 : 사람들 간에 생각이나 감정, 정보, 의견 등을 교환하는 총체적인 행위로, 직장생활에서의 의사소통은 조직과 팀의 효율성과 효과성을 성취할 목적으로 이루어지는 구성원 간의 정보와 지식 전달 과정이라고 할 수 있다.

② 기능 : 공동의 목표를 추구해 나가는 집단 내의 기본적 존재 기반이며 성과를 결정하는 핵심 기능이다.

③ 의사소통의 종류
㉠ 언어적인 것 : 대화, 전화통화, 토론 등
㉡ 문서적인 것 : 메모, 편지, 기획안 등
㉢ 비언어적인 것 : 몸짓, 표정 등

④ 의사소통을 저해하는 요인 : 정보의 과다, 메시지의 복잡성 및 메시지 간의 경쟁, 상이한 직위와 과업지향형, 신뢰의 부족, 의사소통을 위한 구조상의 권한, 잘못된 매체의 선택, 폐쇄적인 의사소통 분위기 등

(2) 의사소통능력

① 개념 : 의사소통능력은 직장생활에서 문서나 상대방이 하는 말의 의미를 파악하는 능력, 자신의 의사를 정확하게 표현하는 능력, 간단한 외국어 자료를 읽거나 외국인의 의사표시를 이해하는 능력을 포함한다.

② 의사소통능력 개발을 위한 방법
㉠ 사후검토와 피드백을 활용한다.
㉡ 명확한 의미를 가진 이해하기 쉬운 단어를 선택하여 이해도를 높인다.
㉢ 적극적으로 경청한다.
㉣ 메시지를 감정적으로 곡해하지 않는다.

2 의사소통능력을 구성하는 하위능력

(1) 문서이해능력

① 문서와 문서이해능력

㉠ 문서 : 제안서, 보고서, 기획서, 이메일, 팩스 등 문자로 구성된 것으로 상대방에게 의사를 전달하여 설득하는 것을 목적으로 한다.

㉡ 문서이해능력 : 직업현장에서 자신의 업무와 관련된 문서를 읽고, 내용을 이해하고 요점을 파악할 수 있는 능력을 말한다.

예제 1

다음은 신용카드 약관의 주요내용이다. 규정 약관을 제대로 이해하지 못한 사람은?

[부가서비스]
카드사는 법령에서 정한 경우를 제외하고 상품을 새로 출시한 후 1년 이내에 부가서비스를 줄이거나 없앨 수가 없다. 또한 부가서비스를 줄이거나 없앨 경우에는 그 세부내용을 변경일 6개월 이전에 회원에게 알려주어야 한다.

[중도 해지 시 연회비 반환]
연회비 부과기간이 끝나기 이전에 카드를 중도해지하는 경우 남은 기간에 해당하는 연회비를 계산하여 10 영업일 이내에 돌려줘야 한다. 다만, 카드 발급 및 부가서비스 제공에 이미 지출된 비용은 제외된다.

[카드 이용한도]
카드 이용한도는 카드 발급을 신청할 때에 회원이 신청한 금액과 카드사의 심사 기준을 종합적으로 반영하여 회원이 신청한 금액 범위 이내에서 책정되며 회원의 신용도가 변동되었을 때에는 카드사는 회원의 이용한도를 조정할 수 있다.

[부정사용 책임]
카드 위조 및 변조로 인하여 발생된 부정사용 금액에 대해서는 카드사가 책임을 진다. 다만, 회원이 비밀번호를 다른 사람에게 알려주거나 카드를 다른 사람에게 빌려주는 등의 중대한 과실로 인해 부정사용이 발생하는 경우에는 회원이 그 책임의 전부 또는 일부를 부담할 수 있다.

① 혜수 : 카드사는 법령에서 정한 경우를 제외하고는 1년 이내에 부가서비스를 줄일 수 없어.

② 진성 : 카드 위조 및 변조로 인하여 발생된 부정사용 금액은 일괄 카드사가 책임을 지게 돼.

③ 영훈 : 회원의 신용도가 변경되었을 때 카드사가 이용한도를 조정할 수 있어.

④ 영호 : 연회비 부과기간이 끝나기 이전에 카드를 중도 해지하는 경우에는 남은 기간에 해당하는 연회비를 카드사는 돌려줘야 해.

[출제의도]
주어진 약관의 내용을 읽고 그에 대한 상세 내용의 정보를 이해하는 능력을 측정하는 문항이다.

[해설]
② 부정사용에 대해 고객의 과실이 있으면 회원이 그 책임의 전부 또는 일부를 부담할 수 있다.

답 ②

② 문서의 종류

㉠ **공문서** : 정부기관에서 공무를 집행하기 위해 작성하는 문서로, 단체 또는 일반회사에서 정부기관을 상대로 사업을 진행할 때 작성하는 문서도 포함된다. 엄격한 규격과 양식이 특징이다.

㉡ **기획서** : 아이디어를 바탕으로 기획한 프로젝트에 대해 상대방에게 전달하여 시행하도록 설득하는 문서이다.

㉢ **기안서** : 업무에 대한 협조를 구하거나 의견을 전달할 때 작성하는 사내 공문서이다.

㉣ **보고서** : 특정한 업무에 관한 현황이나 진행 상황, 연구 · 검토 결과 등을 보고하고자 할 때 작성하는 문서이다.

㉤ **설명서** : 상품의 특성이나 작동 방법 등을 소비자에게 설명하기 위해 작성하는 문서이다.

㉥ **보도자료** : 정부기관이나 기업체 등이 언론을 상대로 자신들의 정보를 기사화 되도록 하기 위해 보내는 자료이다.

㉦ **자기소개서** : 개인이 자신의 성장과정이나, 입사 동기, 포부 등에 대해 구체적으로 기술하여 자신을 소개하는 문서이다.

㉧ **비즈니스 레터(E-mail)** : 사업상의 이유로 고객에게 보내는 편지다.

㉨ **비즈니스 메모** : 업무상 확인해야 할 일을 메모형식으로 작성하여 전달하는 글이다.

③ **문서이해의 절차** : 문서의 목적 이해→문서 작성 배경 · 주제 파악→정보 확인 및 현안문제 파악→문서 작성자의 의도 파악 및 자신에게 요구되는 행동 분석→목적 달성을 위해 취해야 할 행동 고려→문서 작성자의 의도를 도표나 그림 등으로 요약 · 정리

(2) 문서작성능력

① 작성되는 문서에는 대상과 목적, 시기, 기대효과 등이 포함되어야 한다.

② 문서작성의 구성요소

㉠ 짜임새 있는 골격, 이해하기 쉬운 구조

㉡ 객관적이고 논리적인 내용

㉢ 명료하고 설득력 있는 문장

㉣ 세련되고 인상적인 레이아웃

예제 2

다음은 들은 내용을 구조적으로 정리하는 방법이다. 순서에 맞게 배열하면?

㉠ 관련 있는 내용끼리 묶는다. ㉡ 묶은 내용에 적절한 이름을 붙인다. ㉢ 전체 내용을 이해하기 쉽게 구조화한다. ㉣ 중복된 내용이나 덜 중요한 내용을 삭제한다.

① ㉠㉡㉢㉣　② ㉠㉡㉣㉢
③ ㉡㉠㉢㉣　④ ㉡㉠㉣㉢

[출제의도]
음성정보는 문자정보와는 달리 쉽게 잊혀 지기 때문에 음성정보를 구조화 시키는 방법을 묻는 문항이다.
[해설]
내용을 구조적으로 정리하는 방법은 '㉠ 관련 있는 내용끼리 묶는다. → ㉡ 묶은 내용에 적절한 이름을 붙인다. → ㉣ 중복된 내용이나 덜 중요한 내용을 삭제한다. → ㉢ 전체 내용을 이해하기 쉽게 구조화한다.'가 적절하다.

답 ②

③ 문서의 종류에 따른 작성방법

㉠ 공문서

- 육하원칙이 드러나도록 써야 한다.
- 날짜는 반드시 연도와 월, 일을 함께 언급하며, 날짜 다음에 괄호를 사용할 때는 마침표를 찍지 않는다.
- 대외문서이며, 장기간 보관되기 때문에 정확하게 기술해야 한다.
- 내용이 복잡할 경우 '-다음-', '-아래-'와 같은 항목을 만들어 구분한다.
- 한 장에 담아내는 것을 원칙으로 하며, 마지막엔 반드시 '끝'자로 마무리 한다.

㉡ 설명서

- 정확하고 간결하게 작성한다.
- 이해하기 어려운 전문용어의 사용은 삼가고, 복잡한 내용은 도표화 한다.
- 명령문보다는 평서문을 사용하고, 동어 반복보다는 다양한 표현을 구사하는 것이 바람직하다.

㉢ 기획서

- 상대를 설득하여 기획서가 채택되는 것이 목적이므로 상대가 요구하는 것이 무엇인지 고려하여 작성하며, 기획의 핵심을 잘 전달하였는지 확인한다.
- 분량이 많을 경우 전체 내용을 한눈에 파악할 수 있도록 목차구성을 신중히 한다.
- 효과적인 내용 전달을 위한 표나 그래프를 적절히 활용하고 산뜻한 느낌을 줄 수 있도록 한다.
- 인용한 자료의 출처 및 내용이 정확해야 하며 제출 전 충분히 검토한다.

㉣ 보고서
- 도출하고자 한 핵심내용을 구체적이고 간결하게 작성한다.
- 내용이 복잡할 경우 도표나 그림을 활용하고, 참고자료는 정확하게 제시한다.
- 제출하기 전에 최종점검을 하며 질의를 받을 것에 대비한다.

예제 3

다음 중 공문서 작성에 대한 설명으로 가장 적절하지 못한 것은?

① 공문서나 유가증권 등에 금액을 표시할 때에는 한글로 기재하고 그 옆에 괄호를 넣어 숫자로 표기한다.
② 날짜는 숫자로 표기하되 년, 월, 일의 글자는 생략하고 그 자리에 온점(.)을 찍어 표시한다.
③ 첨부물이 있는 경우에는 붙임 표시문 끝에 1자 띄우고 "끝."이라고 표시한다.
④ 공문서의 본문이 끝났을 경우에는 1자를 띄우고 "끝."이라고 표시한다.

[출제의도]
업무를 할 때 필요한 공문서 작성법을 잘 알고 있는지를 측정하는 문항이다.
[해설]
공문서 금액 표시
아라비아 숫자로 쓰고, 숫자 다음에 괄호를 하여 한글로 기재한다.
예) 금 123,456원(금 일십이만삼천사백오십육원)

답 ①

④ 문서작성의 원칙
㉠ 문장은 짧고 간결하게 작성한다(간결체 사용).
㉡ 상대방이 이해하기 쉽게 쓴다.
㉢ 불필요한 한자의 사용을 자제한다.
㉣ 문장은 긍정문의 형식을 사용한다.
㉤ 간단한 표제를 붙인다.
㉥ 문서의 핵심내용을 먼저 쓰도록 한다(두괄식 구성).

⑤ 문서작성 시 주의사항
㉠ 육하원칙에 의해 작성한다.
㉡ 문서 작성시기가 중요하다.
㉢ 한 사안은 한 장의 용지에 작성한다.
㉣ 반드시 필요한 자료만 첨부한다.
㉤ 금액, 수량, 일자 등은 기재에 정확성을 기한다.
㉥ 경어나 단어사용 등 표현에 신경 쓴다.
㉦ 문서작성 후 반드시 최종적으로 검토한다.

⑥ 효과적인 문서작성 요령

㉠ **내용이해** : 전달하고자 하는 내용과 핵심을 정확하게 이해해야 한다.

㉡ **목표설정** : 전달하고자 하는 목표를 분명하게 설정한다.

㉢ **구성** : 내용 전달 및 설득에 효과적인 구성과 형식을 고려한다.

㉣ **자료수집** : 목표를 뒷받침할 자료를 수집한다.

㉤ **핵심전달** : 단락별 핵심을 하위목차로 요약한다.

㉥ **대상파악** : 대상에 대한 이해와 분석을 통해 철저히 파악한다.

㉦ **보충설명** : 예상되는 질문을 정리하여 구체적인 답변을 준비한다.

㉧ **문서표현의 시각화** : 그래프, 그림, 사진 등을 적절히 사용하여 이해를 돕는다.

(3) 경청능력

① **경청의 중요성** : 경청은 다른 사람의 말을 주의 깊게 들으며 공감하는 능력으로 경청을 통해 상대방을 한 개인으로 존중하고 성실한 마음으로 대하게 되며, 상대방의 입장에 공감하고 이해하게 된다.

② **경청을 방해하는 습관** : 짐작하기, 대답할 말 준비하기, 걸러내기, 판단하기, 다른 생각하기, 조언하기, 언쟁하기, 옳아야만 하기, 슬쩍 넘어가기, 비위 맞추기 등

③ 효과적인 경청방법

㉠ **준비하기** : 강연이나 프레젠테이션 이전에 나누어주는 자료를 읽어 미리 주제를 파악하고 등장하는 용어를 익혀둔다.

㉡ **주의 집중** : 말하는 사람의 모든 것에 집중해서 적극적으로 듣는다.

㉢ **예측하기** : 다음에 무엇을 말할 것인가를 추측하려고 노력한다.

㉣ **나와 관련짓기** : 상대방이 전달하고자 하는 메시지를 나의 경험과 관련지어 생각해 본다.

㉤ **질문하기** : 질문은 듣는 행위를 적극적으로 하게 만들고 집중력을 높인다.

㉥ **요약하기** : 주기적으로 상대방이 전달하려는 내용을 요약한다.

㉦ **반응하기** : 피드백을 통해 의사소통을 점검한다.

예제 4

다음은 면접스터디 중 일어난 대화이다. 민아의 고민을 해소하기 위한 조언으로 가장 적절한 것은?

> 지섭 : 민아씨, 어디 아파요? 표정이 안 좋아 보여요.
> 민아 : 제가 원서 넣은 공단이 내일 면접이어서요. 그동안 스터디를 통해서 면접 연습을 많이 했는데도 벌써부터 긴장이 되네요.
> 지섭 : 민아씨는 자기 의견도 명확히 피력할 줄 알고 조리 있게 설명을 잘 하시니 걱정 안하셔도 될 것 같아요. 아, 손에 꽉 쥐고 계신 건 뭔가요?
> 민아 : 아, 제가 예상 답변을 정리해서 모아둔거에요. 내용은 거의 외웠는데 이렇게 쥐고 있지 않으면 불안해서
> 지섭 : 그 정도로 준비를 철저히 하셨으면 걱정할 이유 없을 것 같아요.
> 민아 : 그래도 압박면접이거나 예상치 못한 질문이 들어오면 어떻게 하죠?
> 지섭 : ______________________________

① 시선을 적절히 처리하면서 부드러운 어투로 말하는 연습을 해보는 건 어때요?
② 공식적인 자리인 만큼 옷차림을 신경 쓰는 게 좋을 것 같아요.
③ 당황하지 말고 질문자의 의도를 잘 파악해서 침착하게 대답하면 되지 않을까요?
④ 예상 질문에 대한 답변을 좀 더 정확하게 외워보는 건 어떨까요?

[출제의도]
상대방이 하는 말을 듣고 질문 의도에 따라 올바르게 답하는 능력을 측정하는 문항이다.

[해설]
민아는 압박질문이나 예상치 못한 질문에 대해 걱정을 하고 있으므로 침착하게 대응하라고 조언을 해주는 것이 좋다.

답 ③

(4) 의사표현능력

① 의사표현의 개념과 종류

㉠ 개념 : 화자가 자신의 생각과 감정을 청자에게 음성언어나 신체언어로 표현하는 행위이다.

㉡ 종류

- 공식적 말하기 : 사전에 준비된 내용을 대중을 대상으로 말하는 것으로 연설, 토의, 토론 등이 있다.
- 의례적 말하기 : 사회·문화적 행사에서와 같이 절차에 따라 하는 말하기로 식사, 주례, 회의 등이 있다.
- 친교적 말하기 : 친근한 사람들 사이에서 자연스럽게 주고받는 대화 등을 말한다.

② 의사표현의 방해요인

㉠ 연단공포증 : 연단에 섰을 때 가슴이 두근거리거나 땀이 나고 얼굴이 달아오르는 등의 현상으로 충분한 분석과 준비, 더 많은 말하기 기회 등을 통해 극복할 수 있다.

㉡ 말 : 말의 장단, 고저, 발음, 속도, 쉼 등을 포함한다.
㉢ 음성 : 목소리와 관련된 것으로 음색, 고저, 명료도, 완급 등을 의미한다.
㉣ 몸짓 : 비언어적 요소로 화자의 외모, 표정, 동작 등이다.
㉤ 유머 : 말하기 상황에 따른 적절한 유머를 구사할 수 있어야 한다.

③ 상황과 대상에 따른 의사표현법

㉠ 잘못을 지적할 때 : 모호한 표현을 삼가고 확실하게 지적하며, 당장 꾸짖고 있는 내용에만 한정한다.
㉡ 칭찬할 때 : 자칫 아부로 여겨질 수 있으므로 센스 있는 칭찬이 필요하다.
㉢ 부탁할 때 : 먼저 상대방의 사정을 듣고 응하기 쉽게 구체적으로 부탁하며 거절을 당해도 싫은 내색을 하지 않는다.
㉣ 요구를 거절할 때 : 먼저 사과하고 응해줄 수 없는 이유를 설명한다.
㉤ 명령할 때 : 강압적인 말투보다는 'ㅇㅇ을 이렇게 해주는 것이 어떻겠습니까?'와 같은 식으로 부드럽게 표현하는 것이 효과적이다.
㉥ 설득할 때 : 일방적으로 강요하기보다는 먼저 양보해서 이익을 공유하겠다는 의지를 보여주는 것이 좋다.
㉦ 충고할 때 : 충고는 가장 최후의 방법이다. 반드시 충고가 필요한 상황이라면 예화를 들어 비유적으로 깨우쳐주는 것이 바람직하다.
㉧ 질책할 때 : 샌드위치 화법(칭찬의 말 + 질책의 말 + 격려의 말)을 사용하여 청자의 반발을 최소화 한다.

예제 5

당신은 팀장님께 업무 지시내용을 수행하고 결과물을 보고 드렸다. 하지만 팀장님께서는 "최대리 업무를 이렇게 처리하면 어떡하나? 누락된 부분이 있지 않은가."라고 말하였다. 이에 대해 당신이 행할 수 있는 가장 부적절한 대처 자세는?

① "죄송합니다. 제가 잘 모르는 부분이라 이수혁 과장님께 부탁을 했는데 과장님께서 실수를 하신 것 같습니다."
② "주의를 기울이지 못해 죄송합니다. 어느 부분을 수정보완하면 될까요?"
③ "지시하신 내용을 제가 충분히 이해하지 못하였습니다. 내용을 다시 한 번 여쭤보아도 되겠습니까?"
④ "부족한 내용을 보완하는 자료를 취합하기 위해서 하루정도가 더 소요될 것 같습니다. 언제까지 재작성하여 드리면 될까요?"

[출제의도]
상사가 잘못을 지적하는 상황에서 어떻게 대처해야 하는지를 묻는 문항이다.

[해설]
상사가 부탁한 지시사항을 다른 사람에게 부탁하는 것은 옳지 못하며 설사 그렇다고 해도 그 일의 과오에 대해 책임을 전가하는 것은 지양해야 할 자세이다.

답 ①

④ 원활한 의사표현을 위한 지침

㉠ 올바른 화법을 위해 독서를 하라.
㉡ 좋은 청중이 되라.
㉢ 칭찬을 아끼지 마라.
㉣ 공감하고, 긍정적으로 보이게 하라.
㉤ 겸손은 최고의 미덕임을 잊지 마라.
㉥ 과감하게 공개하라.
㉦ 뒷말을 숨기지 마라.
㉧ 첫마디 말을 준비하라.
㉨ 이성과 감성의 조화를 꾀하라.
㉩ 대화의 룰을 지켜라.
㉪ 문장을 완전하게 말하라.

⑤ 설득력 있는 의사표현을 위한 지침

㉠ 'Yes'를 유도하여 미리 설득 분위기를 조성하라.
㉡ 대비 효과로 분발심을 불러 일으켜라.
㉢ 침묵을 지키는 사람의 참여도를 높여라.
㉣ 여운을 남기는 말로 상대방의 감정을 누그러뜨려라.
㉤ 하던 말을 갑자기 멈춤으로써 상대방의 주의를 끌어라.
㉥ 호칭을 바꿔서 심리적 간격을 좁혀라.
㉦ 끄집어 말하여 자존심을 건드려라.
㉧ 정보전달 공식을 이용하여 설득하라.
㉨ 상대방의 불평이 가져올 결과를 강조하라.
㉩ 권위 있는 사람의 말이나 작품을 인용하라.
㉪ 약점을 보여 주어 심리적 거리를 좁혀라.
㉫ 이상과 현실의 구체적 차이를 확인시켜라.
㉬ 자신의 잘못도 솔직하게 인정하라.
㉭ 집단의 요구를 거절하려면 개개인의 의견을 물어라.
ⓐ 동조 심리를 이용하여 설득하라.
ⓑ 지금까지의 노고를 치하한 뒤 새로운 요구를 하라.
ⓒ 담당자가 대변자 역할을 하도록 하여 윗사람을 설득하게 하라.
ⓓ 겉치레 양보로 기선을 제압하라.
ⓔ 변명의 여지를 만들어 주고 설득하라.
ⓕ 혼자 말하는 척하면서 상대의 잘못을 지적하라.

(5) 기초외국어능력

① 기초외국어능력의 개념과 필요성

㉠ 개념 : 기초외국어능력은 외국어로 된 간단한 자료를 이해하거나, 외국인과의 전화응대와 간단한 대화 등 외국인의 의사표현을 이해하고, 자신의 의사를 기초외국어로 표현할 수 있는 능력이다.

㉡ 필요성 : 국제화 · 세계화 시대에 다른 나라와의 무역을 위해 우리의 언어가 아닌 국제적인 통용어를 사용하거나 그들의 언어로 의사소통을 해야 하는 경우가 생길 수 있다.

② 외국인과의 의사소통에서 피해야 할 행동

㉠ 상대를 볼 때 흘겨보거나, 노려보거나, 아예 보지 않는 행동
㉡ 팔이나 다리를 꼬는 행동
㉢ 표정이 없는 것
㉣ 다리를 흔들거나 펜을 돌리는 행동
㉤ 맞장구를 치지 않거나 고개를 끄덕이지 않는 행동
㉥ 생각 없이 메모하는 행동
㉦ 자료만 들여다보는 행동
㉧ 바르지 못한 자세로 앉는 행동
㉨ 한숨, 하품, 신음소리를 내는 행동
㉩ 다른 일을 하며 듣는 행동
㉪ 상대방에게 이름이나 호칭을 어떻게 부를지 묻지 않고 마음대로 부르는 행동

③ 기초외국어능력 향상을 위한 공부법

㉠ 외국어공부의 목적부터 정하라.
㉡ 매일 30분씩 눈과 손과 입에 밸 정도로 반복하라.
㉢ 실수를 두려워하지 말고 기회가 있을 때마다 외국어로 말하라.
㉣ 외국어 잡지나 원서와 친해져라.
㉤ 소홀해지지 않도록 라이벌을 정하고 공부하라.
㉥ 업무와 관련된 주요 용어의 외국어는 꼭 알아두자.
㉦ 출퇴근 시간에 외국어 방송을 보거나, 듣는 것만으로도 귀가 트인다.
㉧ 어린이가 단어를 배우듯 외국어 단어를 암기할 때 그림카드를 사용해 보라.
㉨ 가능하면 외국인 친구를 사귀고 대화를 자주 나눠 보라.

01 출제예상문제

1 다음 글의 내용과 일치하지 않는 것은?

> 1. 상품특징
> 가입자가 예·적금, 펀드 등 다양한 금융상품을 선택하여 포트폴리오를 구성하여 통합·관리할 수 있는 계좌로서, 일정기간동안 다양한 금융상품 운용 결과로 발생하는 계좌 내 이익－손실을 통산 후 순이익에 세제혜택 부여
>
> 2. 가입대상
> • 직전년도 또는 해당년도에 「소득세법」에 따른 사업소득 및 근로소득이 있거나 농어민에 해당하는 거주자
> • 가입 당시 직전년도 금융소득종합과세 대상자는 제외
>
> 3. 운용방법
> • 개인종합자산관리계좌는 위탁자별 신탁재산을 각각 구분하여 관리·운용 및 계산하는 상품으로 위탁자별 운용방법, 신탁기간, 신탁보수 및 이익계산방법 등은 개인종합자산관리계좌 약관에서 정한다.
> • 운용상품별 보수는 다음과 같다.
> －예금, 적금, 예탁금 : 연 0.1%
> －집합투자증권 : 연 0.2%
> －파생결합증권 : 연 0.7%
>
> 4. 판매기간
> 2018.12.31
>
> 5. 신탁기간
> 신탁기간은 5년으로 정하며 가입유형에 따라 의무가입기간이 상이할 수 있다.

① ISA는 가입자가 예 · 적금, 펀드 등 다양한 금융상품을 선택하여 포트폴리오를 구성하여 통합 · 관리할 수 있는 계좌이다.
② 집합투자증권의 보수는 연 0.2%이다.
③ 신탁기간은 5년이며 가입유형에 따라 의무가입기간이 서로 다를 수 있다.
④ 가입 당시 직전년도 금융소득종합과세자도 가입이 가능하다.
⑤ 판매기간은 2018년 12월 31일까지다.

Tip ④ 가입 당시 직전년도 금융소득종합과세자는 가입대상에서 제외된다.

2 다음 중 밑줄 친 부분의 한자어 표기로 옳지 않은 것은?

> 제7조(만기 후 ㉠이율 및 ㉡중도해지 이율)
> ① 이 예금의 만기일 후 ㉢지급청구가 있을 때에는 만기일부터 지급일 전날까지의 기간에 대해 만기 시점 당시 영업점에 게시한 ㉣만기 후 이율로 셈한 이자를 원금에 더하여 지급한다.
> ② 만기일 전에 지급청구가 있을 때에는 가입일로부터 지급일 전날까지의 기간에 대해 가입일 당시 영업점에 게시한 중도해지 이율로 셈한 ㉤이자를 원금에 더하여 지급한다.

① ㉠ - 利率
② ㉡ - 中途解止
③ ㉢ - 支給請求
④ ㉣ - 晩期
⑤ ㉤ - 利子

Tip ④ ㉣-滿期
• 滿期 … 어음 금액의 지급일로서 어음에 적힌 날짜
• 晩期 … 만년(晩年)의 시기. 말기(末期)

Answer 1.④ 2.④

3 다음 글을 읽고 알 수 있는 매체와 매체 언어의 특성으로 가장 적절한 것은?

> 텔레비전 드라마는 텔레비전과 드라마에 대한 각각의 이해를 전제로 하고 보아야 한다. 즉 텔레비전이라는 매체에 대한 이해와 드라마라는 장르적 이해가 필요하다.
>
> 텔레비전은 다양한 장르, 양식 등이 교차하고 공존한다. 텔레비전에는 다루고 있는 내용이 매우 무거운 시사토론 프로그램부터 매우 가벼운 오락 프로그램까지 섞여서 나열되어 있다. 또한 시청률에 대한 생산자들의 강박관념까지 텔레비전 프로그램 안에 들어있다. 텔레비전 드라마의 경우도 마찬가지로 이러한 강박이 존재한다. 드라마는 광고와 여러 문화 산업에 부가가치를 창출하며 드라마의 장소는 관광지가 되어서 지방의 부가가치를 만들어 내기도 한다. 이 때문에 시청률을 걱정해야 하는 불안정한 텔레비전 드라마 시장의 구조 속에서 상업적 성공을 거두기 위해 텔레비전 드라마는 이미 높은 시청률을 기록한 드라마를 복제하게 되는 것이다. 이것은 드라마 제작자의 수익성과 시장의 불확실성을 통제하기 위한 것으로 구체적으로는 속편이나 아류작의 제작이나 유사한 장르 복제 등으로 나타난다. 이러한 복제는 텔레비전 내부에서만 일어나는 것이 아니라 문화 자본과 관련되는 모든 매체, 즉 인터넷, 영화, 인쇄 매체에서 동시적으로 나타나는 현상이기도 하다.
>
> 이들은 서로 역동적으로 자리바꿈을 하면서 환유적 관계를 형성한다. 이 환유에는 수용자들, 즉 시청자나 매체 소비자들의 욕망이 투사되어 있다. 수용자의 욕망이 매체나 텍스트의 환유적 고리와 만나게 되면 각각의 텍스트는 다른 텍스트나 매체와의 관련 속에서 의미화 작용을 거치게 된다.
>
> 이렇듯 텔레비전 드라마는 시청자의 욕망과 텔레비전 안팎의 다른 프로그램이나 텍스트와 교차하는 지점에서 생산된다. 상업성이 검증된 것의 반복적 생산으로 말미암아 텔레비전 드라마는 거의 모든 내용이 비슷해지는 동일화의 길을 걷게 된다고 볼 수 있다.

① 텔레비전과 같은 매체는 문자 언어를 읽고 쓰는 능력을 반드시 필요로 한다.

② 디지털 매체 시대에 독자는 정보의 수용자이면서 동시에 생산자가 되기도 한다.

③ 텔레비전 드라마 시청자들의 욕구는 매체의 특성을 변화시키는 경우가 많다.

④ 영상 매체에 있는 자료들이 인터넷, 영화 등과 결합하는 것은 사실상 불가능하다.

⑤ 텔레비전 드라마는 독자들의 니즈를 충족시키기 위해 내용의 차별성에 역점을 두고 있다.

Tip 인간은 매체를 사용하여 타인과 소통하는데 그 매체는 음성 언어에서 문자로 발전했으며 책이나 신문, 라디오나 텔레비전, 영화, 인터넷 등으로 발전해 왔다. 매체의 변화는 사람들 간의 소통양식은 물론 문화 양식에까지 영향을 미친다. 현대에는 음성, 문자, 이미지, 영상, 음악 등이 결합된 매체 환경이 생기고 있다. 이 글에서는 텔레비전 드라마가 인터넷, 영화, 인쇄매체 등과 연결되어 복제되는 형상을 낳기도 하고 수용자의 욕망이 매체에 드러난다고 언급한다. 즉 디지털 매체 시대의 독자는 정보를 수용하기도 하지만 생산자가 될 수도 있음을 언급하고 있다고 볼 수 있다.

4 다음 글의 빈칸에 들어갈 내용으로 가장 적절한 것은?

> 자본주의 경제체제는 이익을 추구하는 인간의 욕구를 최대한 보장해 주고 있다. 기업 또한 이익 추구라는 목적에서 탄생하여, 생산의 주체로서 자본주의 체제의 핵심적 역할을 수행하고 있다. 곧, 이익은 기업가로 하여금 사업을 시작하게 된 동기가 된다. 이익에는 단기적으로 실현되는 이익과 장기간에 걸쳐 지속적으로 실현되는 이익이 있다. 기업이 장기적으로 존속, 성장하기 위해서는 ______________________
> 실제로 기업은 단기 이익의 극대화가 장기 이익의 극대화와 상충될 때에는 단기 이익을 과감하게 포기하기도 한다.

① 두 마리의 토끼를 다 잡으려는 생각으로 운영해야 한다.
② 당장의 이익보다 기업의 이미지를 생각해야 한다.
③ 단기 이익보다 장기 이익을 추구하는 것이 더 중요하다.
④ 장기 이익보다 단기 이익을 추구하는 것이 더 중요하다.
⑤ 아무도 개척하지 않은 길을 개척할 수 있는 도전정신이 필요하다.

Tip 빈칸 이후의 문장에서 단기 이익의 극대화가 장기 이익의 극대화와 상충될 때에는 단기 이익을 과감하게 포기하기도 한다고 제시되어 있으므로 ③이 가장 적절하다.

Answer 3.② 4.③

5 다음 글의 중심 내용으로 적절한 것은?

> 전통은 물론 과거로부터 이어 온 것을 말한다. 이 전통은 대체로 그 사회 및 그 사회의 구성원인 개인의 몸에 배어 있는 것이다. 그러므로 스스로 깨닫지 못하는 사이에 전통은 우리의 현실에 작용하는 경우가 있다. 그러나 과거에서 이어 온 것을 무턱대고 모두 전통이라고 한다면, 인습이라는 것과의 구별이 서지 않을 것이다. 우리는 인습을 버려야 할 것이라고는 생각하지만, 계승해야 할 것이라고는 생각하지 않는다. 여기서 우리는, 과거에서 이어 온 것을 객관화하고, 이를 비판하는 입장에 서야 할 필요를 느끼게 된다. 그 비판을 통해서 현재의 문화 창조에 이바지할 수 있다고 생각되는 것만을 우리는 전통이라고 불러야 할 것이다. 이같이, 전통은 인습과 구별될뿐더러, 또 단순한 유물과도 구별되어야 한다. 현재의 문화를 창조하는 일과 관계가 없는 것을 우리는 문화적 전통이라고 부를 수가 없기 때문이다.

① 전통의 본질
② 인습의 종류
③ 문화 창조의 본질
④ 외래 문화 수용 자세
⑤ 과거에 대한 비판

Tip 전통은 과거로부터 이어온 것 중 현재의 문화 창조에 이바지할 수 있는 것만을 말한다. 인습이나 유물은 현재 문화 창조에 이바지할 수 없으므로 전통과는 구별되어야 한다는 것이 글의 중심 내용이다.

6 다음 중 밑줄 친 단어의 의미로 옳지 않은 것은?

> 1. 상품특징
>
> 주택을 담보로 거래기여도 등에 따른 우대금리를 적용받고자 하는 고객 및 다양한 상환방식을 원하는 고객을 위한 담보대출상품
>
> 2. 대출대상
>
> 주택을 담보로 자금이 필요한 개인 고객
>
> 3. 대출기간
>
> • 일시상환 : 10년 이내
>
> • 원(리)금균등할부상환 : 33년 이내 (대출기간의 1/3 이내에서 최고 10년 이내 거치가능)
>
> • 일시 · 할부(적용비율 50 : 50) 동시적용 상환 : 33년 이내 (대출기간의 1/3 이내에서 최고 10년 이내 거치가능)

① 담보 : 민법에서, 채무 불이행 때 채무의 변제를 확보하는 수단으로 채권자에게 제공하는 것

② 금리 : 빌려준 돈이나 예금 따위에 붙는 이자. 또는 그 비율

③ 상환 : 갚거나 돌려줌

④ 대출 : 물건을 밖으로 많이 냄

⑤ 거치 : 공채, 사채 따위의 상환 또는 지급을 일정 기간 하지 않는 일

Tip
• 대출(貸出) : 돈이나 물건 따위를 빌려주거나 빌림.
• 대출(大出) : 물건을 밖으로 많이 냄.

Answer 5.① 6.④

▌7~10▌ 다음 글의 전개상 가장 적절한 것을 고르시오.

7

㉠ 끝으로 지금까지 우리나라 기업의 자금조달 방식을 살펴보면 주요 선진국들에 비해 간접금융이 차지하는 비중은 높았던 반면 직접금융의 비중은 금융환경의 변화에 따라 급감하거나 급증하는 등 변동성이 매우 컸다. 직접금융을 상대적으로 중시하는 시장중심 금융시스템과 간접금융을 상대적으로 중시하는 은행 중심 금융시스템 간 상대적 우월성에 대한 논쟁이 꾸준히 있어 왔으며 이를 뒷받침하기 위한 연구도 다수 이루어졌다. 그 결과 최근에는 직접금융과 간접금융은 상호보완적이라는 인식이 높아지면서 두 금융시스템이 균형 있게 발전해야 한다는 쪽으로 의견이 모아지고 있다.

㉡ 이러한 직접금융과 간접금융은 자금공급자와 자금수요자 간의 금융계약이 특정의 조직 내지 관계를 매개로 하는 것인지 아니면 시장을 매개로 하는 것인지에 따라 양상을 달리하는데 후자는 주로 주거래은행제도나 관계금융 등 은행 중심 금융시스템을 발전시키는 토양이 되며 전자는 자본시장이나 투자은행이 발달한 직접금융시스템을 배태한다고 말할 수 있다.

㉢ 금융거래는 자금공급자로부터 자금수요자로 자금이 이동하는 형태에 따라 직접금융과 간접금융으로 구분된다. 직접금융은 자금수요자가 자기명의로 발행한 증권을 자금공급자에게 팔아 자금수요자로부터 자금을 직접 조달하는 거래이고, 간접금융은 은행과 같은 금융 중개 기관을 통하여 자금이 공급자에게서 수요자에게로 이동되는 거래이다. 직접금융의 대표적인 수단으로 주식·채권 등이 있으며 간접금융거래의 대표적인 수단으로 예금과 대출 등이 있다.

㉣ 여기서 간접금융이나 주거래은행제도는 다음과 같은 특징을 지닌다. 첫째, 은행과 고객기업 간에는 장기적 거래관계가 있다. 둘째, 은행은 고객기업의 결제구좌의 보유나 회사채 수탁업무 등을 통해 시장이나 다른 금융기관이 입수하기 힘든 기업의 내부정보를 얻어 동 기업이 일시적인 경영위기에 봉착했는가 아니면 근본적인 경영파산 상태에 빠져 있는가 등을 분별해낼 수 있다. 셋째, 은행은 위와 같은 기업 감시 활동을 통해 근본적인 경영파산 상태에 놓인 기업을 중도에 청산시키거나 계속기업으로서 가치가 있으나 일시적인 경영위기에 봉착한 기업을 구제할 수 있다. 그 외에도 은행은 다른 금융기관이나 예금자의 위임된 감시자로서 활동하여 정보의 효율성을 향상시킬 수도 있다.

① ㉡㉠㉢㉣ ② ㉢㉣㉡㉠
③ ㉢㉡㉣㉠ ④ ㉡㉢㉠㉣
⑤ ㉠㉢㉡㉣

Tip
㉢ 직접금융과 간접금융의 정의와 예
㉡ 직접금융과 간접금융의 양상
㉣ 간접금융이나 주거래은행제도의 특징
㉠ 지금까지 우리나라 기업의 자금조달 방식

8

㉠ 앞서 조선은 태종 때 이미 군선이 속력이 느릴 뿐만 아니라 구조도 견실하지 못하다는 것이 거론되어 그 해결책으로 쾌선을 써보려 하였고 귀화왜인으로 하여금 일본식 배를 만들게 하여 시험해 보기도 하였다. 또한 귀선 같은 특수군선의 활용방안도 모색하였다.

㉡ 갑조선은 조선 초기 새로운 조선법에 따라 만든 배를 말하는데 1430년(세종 12) 무렵 당시 중국·유구·일본 등 주변 여러 나라의 배들은 모두 쇠못을 써서 시일을 두고 건조시켜 견고하고 경쾌하며 오랫동안 물에 떠 있어도 물이 새지 않았고 큰 바람을 만나도 손상됨이 없이 오래도록 쓸 수 있었지만 우리나라의 군선은 그렇지 못하였다.

㉢ 그리고 세종 때에는 거도선을 활용하게 하는 한편 「병선수호법」을 만드는 등 군선의 구조개선이 여러 방면으로 모색되다가 드디어 1434년에 중국식 갑조선을 채택하기에 이른 것이다. 이 채택에 앞서 조선을 관장하는 경강사수색에서는 갑조선 건조법에 따른 시험선을 건조하였다.

㉣ 하지만 이렇게 채택된 갑조선 건조법도 문종 때에는 그것이 우리나라 실정에 적합하지 않다는 점이 거론되어 우리나라의 전통적인 단조선으로 복귀하게 되었고 이로 인해 조선시대의 배는 평저선구조로 일관하여 첨저형선박은 발달하지 못하게 되었다.

㉤ 이에 중국식 조선법을 본떠 배를 시조해 본 결과 그것이 좋다는 것이 판명되어 1434년부터 한때 쇠못을 쓰고 외판을 이중으로 하는 중국식 조선법을 채택하기로 하였는데 이를 갑선·갑조선 또는 복조선이라 하고 재래의 전통적인 우리나라 조선법에 따라 만든 배를 단조선이라 했다.

① ㉠㉡㉢㉣㉤　　② ㉡㉤㉠㉢㉣

③ ㉠㉣㉢㉡㉤　　④ ㉡㉢㉠㉤㉣

⑤ ㉣㉤㉠㉡㉢

Tip
㉡ 갑조선의 정의와 1430년대 당시 주변국과 우리나라 군선의 차이
㉤ 중국식 조선법을 채택하게 된 계기
㉠ 태종 때 군선 개량의 노력
㉢ 세종 때 군선 개량의 노력
㉣ 단조선으로 복귀하게 된 계기와 조선시대 배가 평저선구조로 일관된 이유

Answer 7.③ 8.②

9

> ㉠ 거북선의 정식 명칭은 '귀선'으로 조선 수군의 주력 전선인 판옥선의 상체 부분을 개량해 덮개로 덮은 구조다.
> ㉡ 이를 통해서 알 수 있듯이 거북선의 제도는 이미 조선 초기에 갖추어져 있었다.
> ㉢ 우리나라 전선의 구조와 형식은 주로 해적선과의 싸움을 통해 발전되었다.
> ㉣ 이것을 막기 위해서는 적이 우리의 배에 뛰어들지 못하게 해야 했는데 그러한 생각에서 나온 것이 이른바 '거북선'이었다.
> ㉤ 또 1415년 탁신은 국방 문제를 논하면서 "거북선의 법은 많은 적과 충돌하여도 적이 능히 해를 입히지 못하니 가히 결승의 좋은 계책이라고 하겠습니다. 다시 견고하고 교묘하게 만들게 하여 전승의 도구를 갖추게 하소서"라는 의견을 제시하였다.
> ㉥ 한 예로 고려 때부터 여진 해적이나 왜구와의 싸움에서 우리가 주로 사용한 전술은 배를 부딪쳐 해적선을 깨뜨리는 방법이나 화포를 사용하여 적선을 소각시키는 것이었던 반면 해적들은 상대방의 배에 접근한 후 배 위로 뛰어들어 싸우는 육박전을 주로 사용하였다.
> ㉦ 거북선에 대한 최초의 문헌기록은 「태종실록」에 나오는데 이 기록에 따르면 1413년(태종 13)에 임금이 임진나루를 지나다가 거북선과 왜선이 서로 싸우는 상황을 구경하였다고 한다.
> ㉧ 하지만 태종 때 만들어진 거북선은 그 후 적극적으로 활용되지 않았던 것 같고, 이것이 임진왜란 때 이순신에 의해 다시 등장하게 된 것이다.

① ㉡㉠㉢㉣㉤㉥㉧㉦
② ㉢㉣㉥㉠㉡㉤㉦㉧
③ ㉢㉥㉣㉠㉦㉤㉡㉧
④ ㉡㉢㉠㉣㉧㉤㉥㉦
⑤ ㉠㉢㉡㉣㉦㉧㉥㉤

Tip
㉢ 해적선과의 싸움을 통해 발전된 우리나라 전선
㉥ 우리나라와 해적선의 전술
㉣ 거북선이 만들어진 원인
㉠ 거북선의 정식 명칭과 구조
㉦ 거북선에 대한 문헌기록1
㉤ 거북선에 대한 문헌기록2
㉡ 조선 초기부터 갖추어져 있었던 거북선의 제도
㉧ 임진왜란 때 다시 등장한 거북선

10

㉠ 여기서 선조는 명나라의 이여송의 군대가 「기효신서」의 전법으로 왜군을 격퇴하였다는 소식을 듣고 이 책을 입수하여 그 전법을 연구토록 하였고 훗날 「무예도보통지」등 병서편찬에 많은 영향을 주었다.

㉡ 「기효신서」는 권1 속오편부터 권18 치수병편에 이르기까지 총 18권으로 이루어졌는데 당시 왜구는 주로 명나라 해안선을 따라 습지가 많은 중국 절강 지방 등을 노략하였다.

㉢ 이 책에 나와 있는 병법을 절강지방에서 나왔다 하여 절강병법이라고도 하는데 이는 명확한 지휘편제와 연대책임을 강조하는 속오법을 채택하고, 조총 · 등패 · 낭선 · 장창 · 권법 등 다양한 무기와 전술을 구사하는 것이 특징이다.

㉣ 1560년 명나라 장수 척계광이 절강현 참장으로 있을 당시 왜구를 소탕하기 위해 편찬한 것이 「기효신서」다.

㉤ 또한 조선은 이후 이 책의 속오법과 삼수기법을 받아들여 중앙군으로는 훈련도감, 지방군으로는 속오군을 설립하였다.

㉥ 이 책이 우리나라에 알려진 것은 임진왜란 이듬해인 1593년(선조 26) 1월 평양성 전투 후였다.

㉦ 하지만 이를 소탕하는 데에는 종래 북방 유목민족을 소탕하기 위해 편제된 군제와 무기 및 전술이 적합하지 않았고 왜구의 기습적인 침략에 대비하기 위하여 소부대의 운용과 접근전에 적합한 전술을 고안할 필요가 있었다. 그렇게 해서 편찬된 책이 「기효신서」다.

① ㉠㉡㉢㉣㉤㉥㉦　② ㉣㉡㉦㉢㉥㉠㉤
③ ㉠㉣㉢㉡㉤㉦㉥　④ ㉡㉢㉥㉠㉤㉣㉦
⑤ ㉣㉦㉠㉡㉢㉥㉤

Tip
㉣ 왜구를 소탕하기 위해 편찬된 「기효신서」
㉡ 「기효신서」의 구성과 당시 명나라의 상황
㉦ 「기효신서」가 편찬된 원인
㉢ 「기효신서」의 특징
㉥ 평양성 전투 후 우리나라에 처음 알려진 「기효신서」
㉠ 조선의 「기효신서」 입수와 「기효신서」가 조선에 끼친 영향1
㉤ 「기효신서」가 조선에 끼친 영향2

Answer 9.③ 10.②

11 다음 두 글에서 공통적으로 말하고자 하는 것은 무엇인가?

(가) 많은 사람들이 기대했던 우주왕복선 챌린저는 발사 후 1분 13초만에 폭발하고 말았다. 사건조사단에 의하면, 사고원인은 챌린저 주엔진에 있던 O－링에 있었다. O－링은 디오콜사가 NASA로부터 계약을 따내기 위해 저렴한 가격으로 생산될 수 있도록 설계되었다. 하지만 첫 번째 시험에 들어가면서부터 설계상의 문제가 드러나기 시작하였다. NASA의 엔지니어들은 그 문제점들을 꾸준히 제기했으나, 비행시험에 실패할 정도의 고장이 아니라는 것이 디오콜사의 입장이었다. 하지만 O－링을 설계했던 과학자도 문제점을 인식하고 문제가 해결될 때까지 챌린저 발사를 연기하도록 회사 매니저들에게 주지시키려 했지만 거부되었다. 한 마디로 그들의 노력이 미흡했기 때문이다.

(나) 과학의 연구 결과는 사회에서 여러 가지로 활용될 수 있지만, 그 과정에서 과학자의 의견이 반영되는 일은 드물다. 과학자들은 자신이 책임질 수 없는 결과를 이 세상에 내놓는 것과 같다. 과학자는 자신이 개발한 물질을 활용하는 과정에서 나타날 수 있는 위험성을 충분히 알리고 그런 물질의 사용에 대해 사회적 합의를 도출하는 데 적극 협조해야 한다.

① 과학적 결과의 장단점
② 과학자와 기업의 관계
③ 과학자의 윤리적 책무
④ 과학자의 학문적 한계
⑤ 과학자의 사회적 영향

Tip (가) : 과학자가 설계의 문제점을 인식하고도 노력하지 않았기 때문에 결국 우주왕복선이 폭발하고 마는 결과를 가져왔다고 말하고 있다.
(나) : 과학자는 자신이 개발한 물질의 위험성을 알리고 사회적 합의를 도출하는 데 협조해야 한다고 말하고 있다.
두 글을 종합해 보았을 때 공통적으로 말하고자 하는 바는 '과학자로서의 윤리적 책무를 다해야 한다.'라는 것을 알 수 있다.

12 다음에서 주장하고 있는 내용으로 적절한 것은?

> 기본적으로 한국 사회는 본격적인 자본주의 시대로 접어들었고 그것은 소비사회, 그리고 사회구성원들의 자기표현이 거대한 복제기술에 의존하는 대중문화 시대를 열었다. 현대인의 삶에서 대중매체의 중요성은 더욱 더 높아지고 있으며 따라서 이제 더 이상 대중문화를 무시하고 엘리트 문화지향성을 가진 교육을 하기는 힘든 시기에 접어들었다. 세계적인 음악가로 추대받고 있는 비틀즈도 영국 고등학교가 길러낸 음악가이다.

① 대중문화에 대한 검열이 필요하다.
② 한국에서 세계적인 음악가의 탄생을 위해 고등학교에서 음악 수업의 강화가 필요하다.
③ 한국 사회에서 대중문화를 인정하는 것은 중요하다.
④ 교양 있는 현대인의 배출을 위해 고전음악에 대한 교육이 필요하다.
⑤ 대중문화를 이끌어 갈 젊은 세대 육성에 힘을 쏟아야 한다.

Tip '이제 더 이상 대중문화를 무시하고 엘리트 문화지향성을 가진 교육을 하기는 힘든 시기에 접어들었다.'가 이 글의 핵심 문장이라고 볼 수 있다. 따라서 대중문화의 중요성에 대해 말하고 있는 ③이 정답이다.

Answer 11.③ 12.③

13 다음 글의 내용과 일치하지 않는 것은?

> 국민연금법이 정한 급여의 종류에는 노령연금, 장애연금, 유족연금, 반환일시금이 있다. 그 중 노령연금은 국민연금에 10년 이상 가입하였던 자 또는 10년 이상 가입 중인 자에게 만 60세가 된 때부터 그가 생존하는 동안 지급하는 급여를 말한다. 노령연금을 받을 권리자(노령연금 수급권자)와 이혼한 사람도 일정한 요건을 충족하면 노령연금을 분할한 일정 금액의 연금을 받을 수 있는데, 이를 분할연금이라 한다. 분할연금은 혼인기간 동안 보험료를 내는 데 부부가힘을 합쳤으니 이혼 후에도 연금을 나누는 것이 공평하다는 취지가 반영된 것이다. 분할연금을 받기 위해서는 혼인기간(배우자의 국민연금 가입기간 중의 혼인기간만 해당)이 5년 이상인자로서, 배우자와 이혼하였고, 배우자였던 사람이 노령연금 수급권자이며, 만 60세 이상이 되어야 한다. 이러한 요건을 모두 갖추게 된 때부터 3년 이내에 분할연금을 청구하면, 분할연금 수급권자는 생존하는 동안 분할연금을 수령할 수 있다. 한편 공무원연금, 군인연금, 사학연금 등에서는 연금가입자와 이혼한 사람에게 분할연금을 인정하고 있지 않다.

① 요건을 모두 갖추었더라도 3년 내에 청구하지 않으면 분할연금을 받을 수 없다.

② 국민연금 가입기간이 10년째인 남자와 결혼한 여자가 4년 만에 이혼한 경우 여자는 남자가 받는 노령연금의 분할연금을 받을 수 있다.

③ 이혼자가 분할연금을 받을 수 있는 이유는 혼인기간동안 보험료를 내는데 부부가 힘을 합쳤기 때문이다.

④ 모든 연금법에서 이혼자에 대한 분할연금을 인정하고 있지는 않다.

⑤ 국민연금법이 정한 급여의 종류에는 노령연금 외에도 장애연금과 유족연금, 반환일시금이 있다.

Tip ② 여자는 지문에서 나타난 '혼인기간(배우자의 국민연금 가입기간 중의 혼인기간만 해당)이 5년 이상인 자'라는 요건을 갖추지 못했다.

14 다음은 '전교생을 대상으로 무료급식을 시행해야 하는가?'라는 주제로 철수와 영수가 토론을 하고 있다. 보기 중 옳지 않은 것은?

> 철수 : 무료급식은 급식비를 낼 형편이 없는 학생들을 위해서 마련되어야 하는데 지금 대부분의 학교에서는 이 아이들뿐만 아니라 형편이 넉넉한 아이들까지도 모두 대상으로 삼고 있으니 이는 문제가 있다고 봐.
> 영수 : 하지만 누구는 무료로 급식을 먹고 누구는 돈을 내고 급식을 먹는다면 이는 형평성에 어긋난다고 생각해. 그래서 난 이왕 무료급식을 할 거라면 전교생에게 동등하게 그 혜택이 돌아가야 한다고 봐.
> 철수 : 음… 돈이 없는 사람은 무료로 급식을 먹고 돈이 있는 사람은 돈을 내고 급식을 먹는 것이 과연 형평성에 어긋난다고 할 수 있을까? 형평성이란 국어사전을 찾아보면 형평을 이루는 성질을 말하잖아. 여기서 형평이란 균형이 맞음. 또는 그런 상태를 말하는 것이고. 그러니까 형평이란 다시 말하면…
> 영수 : 아, 그래 네가 무슨 말을 하려고 하는지 알겠어. 그런데 나는 어차피 무료급식을 할 거라면 전교생이 다 같이 무료급식을 했으면 좋겠다는 거야. 그래야 서로 불화도 생기지 않으니까. 그리고 누구는 무료로 먹고 누구는 돈을 내고 먹을 거라면 난 차라리 무료급식을 안 하는 것이 낫다고 생각해.

① 위 토론에서 철수는 주제에서 벗어난 말을 하고 있다.
② 영수는 상대방의 말을 자르고 자기주장만을 말하고 있다.
③ 영수는 자신의 주장이 뚜렷하지 않다.
④ 위 토론의 주제는 애매모호하므로 주제를 수정해야 한다.
⑤ 철수는 '형평성'이라는 단어의 정의를 들고 있다.

Tip 토론의 주제는 찬성과 반대로 뚜렷하게 나뉘어질 수 있는 주제가 좋다. 위 토론의 주제는 찬성(전교생을 대상으로 무료급식을 시행해야 한다.)과 반대(전교생을 대상으로 무료급식을 시행해서는 안 된다.)로 뚜렷하게 나뉘어지므로 옳은 주제라 할 수 있다.

Answer 13.② 14.④

▌15~16 ▌ 다음은 우리나라의 공적연금제도와 관련된 설명이다. 물음에 답하시오.

사람들은 은퇴 이후 소득이 급격하게 줄어드는 위험에 처할 수 있다. 이러한 위험이 발생할 경우 일정 수준의 생활(소득)을 보장해 주기 위한 제도가 공적연금제도이다. 우리나라의 공적연금제도에는 대표적으로 국민의 노후 생계를 보장해 주는 국민연금이 있다. 공적연금제도는 강제가입을 원칙으로 한다. 연금은 가입자가 비용은 현재 지불하지만 그 편익은 나중에 얻게 된다. 그러나 사람들은 현재의 욕구를 더 긴박하고 절실하게 느끼기 때문에 불확실한 미래의 편익을 위해서 당장은 비용을 지불하지 않으려는 경향이 있다. 또한 국가는 사회보장제도를 통하여 젊은 시절에 노후를 대비하지 않은 사람들에게도 최저생계를 보장해준다. 이 경우 젊었을 때 연금에 가입하여 성실하게 납부한 사람들이 방만하게 생활한 사람들의 노후생계를 위해 세금을 추가로 부담해야 하는 문제가 생긴다. 그러므로 국가가 나서서 강제로 연금에 가입하도록 하는 것이다.

공적연금제도의 재원을 충당하는 방식은 연금 관리자의 입장과 연금 가입자의 입장에서 각기 다르게 나누어 볼 수 있다. 연금 관리자의 입장에서는 '적립방식'과 '부과방식'의 두 가지가 있다. '적립방식'은 가입자가 낸 보험료를 적립해 기금을 만들고 이 기금에서 나오는 수익으로 가입자가 납부한 금액에 비례하여 연금을 지급하지만, 연금액은 확정되지 않는다. '적립방식'은 인구 구조가 변하더라도 국가는 재정을 투입할 필요가 없고, 받을 연금과 내는 보험료의 비율이 누구나 일정하므로 보험료 부담이 공평하다. 하지만 일정한 기금이 형성되기 전까지는 연금을 지급할 재원이 부족하므로, 제도 도입 초기에는 연금 지급이 어렵다. '부과방식'은 현재 일하고 있는 사람들에게서 거둔 보험료로 은퇴자에게 사전에 정해진 금액만큼 연금을 지급하는 것이다. 이는 '적립방식'과 달리 세대 간 소득재분배 효과가 있으며, 제도 도입과 동시에 연금 지급을 개시할 수 있다는 장점이 있다. 다만 인구 변동에 따른 불확실성이 있다. 노인 인구가 늘어나 역삼각형의 인구구조가 만들어질 때는 젊은 세대의 부담이 증가되어 연금 제도를 유지하기가 어려워질 수 있다.

연금 가입자의 입장에서는 납부하는 금액과 지급 받을 연금액의 관계에 따라 확정기여방식과 확정급여방식으로 나눌 수 있다. 확정기여방식은 가입자가 일정한 액수나 비율로 보험료를 낼 것만 정하고 나중에 받을 연금의 액수는 정하지 않는 방식이다. 이는 연금 관리자의 입장에서 보면 '적립방식'으로 연금 재정을 운용하는 것이다. 그래서 이 방식은 이자율이 낮아지거나 연금 관리자가 효율적으로 기금을 관리하지 못하는 경우에 개인이 손실 위험을 떠안게 된다. 또한 물가가 인상되는 경우 확정기여에 따른 적립금의 화폐가치가 감소되는 위험도 가입자가 감수해야 한다. 확정급여방식은 가입자가 얼마의 연금을 받을 지를 미리 정해 놓고, 그에 따라 개인이 납부할 보험료를 정하는 방식이다. 이는 연금 관리자의 입장에서는 '부과방식'으로 연금 재정을 운용하는 것이다. 나중에 받을 연금을 미리정하면 기금 운용 과정에서 발생하는 투자의 실패는 연금 관리자가 부담하게 된다. 그러나 이 경우에도 물가상승에 따른 손해는 가입자가 부담해야 하는 단점이 있다.

15 공적연금의 재원 충당 방식 중 '적립방식'과 '부과방식'을 비교한 내용으로 적절하지 않은 것은?

	항목	적립방식	부과방식
①	연금 지급 재원	가입자가 적립한 기금	현재 일하는 세대의 보험료
②	연금 지급 가능 시기	일정한 기금이 형성된 이후	제도 시작 즉시
③	세대 간 부담의 공평성	세대 간 공평성 미흡	세대 간 공평성 확보
④	소득 재분배 효과	소득 재분배 어려움	소득 재분배 가능
⑤	인구 변동 영향	받지 않음	받음

Tip ③ 받을 연금과 내는 보험료의 비율이 누구나 일정하여 보험료 부담이 공평한 것은 적립방식이다. 부과방식은 현재 일하고 있는 사람들에게서 거둔 보험료를 은퇴자에게 사전에 정해진 금액만큼 연금을 지급하는 것으로, 노인 인구가 늘어날 경우 젊은 세대의 부담이 증가할 수 있다고 언급하고 있다.

16 위 내용을 바탕으로 다음 상황에 대해 분석할 때 적절하지 않은 결론을 도출한 사람은?

> A회사는 이번에 공적연금 방식을 준용하여 퇴직연금 제도를 새로 도입하기로 하였다. 이에 회사는 직원들이 퇴직연금 방식을 확정기여방식과 확정급여방식 중에서 선택할 수 있도록 하였다.

① 확정기여방식은 부담금이 공평하게 나눠지는 측면에서 장점이 있어.

② 확정기여방식은 기금을 운용할 회사의 능력에 따라 나중에 받을 연금액이 달라질 수 있어.

③ 확정기여방식은 기금의 이자 수익률이 물가상승률보다 높으면 연금액의 실질적 가치가 상승할 수 있어.

④ 확정급여방식은 물가가 많이 상승하면 연금액의 실질적 가치가 하락할 수 있어.

⑤ 확정급여방식은 투자 수익이 부실할 경우 가입자가 보험료를 추가로 납부해야 하는 문제가 있어.

Tip ⑤ 확정급여방식의 경우 나중에 얼마의 연금을 받을 지 미리 정해놓고 보험료를 납부하는 것으로 기금 운용 과정에서 발생하는 투자의 실패를 연금 관리자가 부담하게 된다. 따라서 투자 수익이 부실한 경우에도 가입자가 보험료를 추가로 납부해야 하는 문제는 발생하지 않는다.

Answer 15.③ 16.⑤

17 다음 글의 내용과 부합하는 것을 〈보기〉에서 모두 고르면?

가. "회원이 카드를 분실하거나 도난당한 경우에는 즉시 서면으로 신고하여야 하고 분실 또는 도난당한 카드가 타인에 의하여 부정사용되었을 경우에는 신고접수일 이후의 부정사용액에 대하여는 전액을 보상하나, 신고접수한 날의 전날부터 15일 전까지의 부정사용액에 대하여는 금 2백만 원의 범위 내에서만 보상하고, 16일 이전의 부정사용액에 대하여는 전액지급할 책임이 회원에게 있다."고 신용카드 발행회사 회원규약에 규정하고 있는 경우, 위와 같은 회원규약을 신의성실의 원칙에 반하는 무효의 규약이라고 볼 수 없다.

나. 카드의 월간 사용한도액이 회원 본인의 책임한도액이 되는 것은 아니므로 부정사용액 중 월간 사용한도액의 범위 내에서만 회원의 책임이 있는 것은 아니다.

다. 신용카드업법에 의하면 "신용카드가맹점은 신용카드에 의한 거래를 할 때마다 신용카드 상의 서명과 매출전표 상의 서명이 일치하는지를 확인하는 등 당해 신용카드가 본인에 의하여 정당하게 사용되고 있는지 여부를 확인하여야 한다."라고 규정하고 있다. 따라서 가맹점이 위와 같은 주의의무를 게을리하여 손해를 자초하거나 확대하였다면, 그 과실의 정도에 따라 회원의 책임을 감면해 주는 것이 거래의 안전을 위한 신의성실의 원칙상 정당하다.

〈보기〉

㉠ 신용카드사는 회원에 대하여 카드의 분실 및 도난 시 서면신고 의무를 부과하고, 부정사용액에 대한 보상액을 그 분실 또는 도난된 카드의 사용시기에 따라 상이하게 정할 수 있다.

㉡ 회원이 분실 또는 도난당한 카드가 타인에 의하여 부정사용되었을 경우, 신용카드사는 서면으로 신고 접수한 날 이후의 부정사용액에 대한 보상액을 제한할 수 있다.

㉢ 카드의 분실 또는 도난 사실을 서면으로 신고 접수한 날의 전날까지의 부정사용액에 대해서는 자신의 월간 카드사용한도액의 범위를 초과하여 회원이 책임을 질 수 있다.

㉣ 신용카드가맹점이 신용카드의 부정사용 여부를 확인하지 않은 경우에는 가맹점 과실의 경중을 묻지 않고 회원의 모든 책임이 면제된다.

① ㉠, ㉡ ② ㉠, ㉢
③ ㉡, ㉢ ④ ㉡, ㉣
⑤ ㉢, ㉣

Tip ㉡ 회원이 분실 또는 도난당한 카드가 타인에 의하여 부정사용되었을 경우, 신용카드사는 서면으로 신고 접수한 날 이후의 부정사용액에 대해서는 전액 보상한다. 다만, 신고접수한 날의 전날부터 15일 전까지의 부정사용액에 대하여는 금 2백만 원의 범위로 제한할 수 있으며 16일 이전의 부정사용액에 대해서는 전액 지급할 책임이 회원에게 있다.

㉣ 신용카드가맹점이 신용카드의 부정사용 여부를 확인하지 않은 경우에는 그 과실의 정도에 따라 회원의 책임을 감면해 주는 것이지, 회원의 모든 책임이 면제되는 것은 아니다.

18 다음은 해외이주자의 외화송금에 대한 설명이다. 옳지 않은 것은?

1. 필요서류
   - 여권 또는 여권 사본
   - 비자 사본 또는 영주권 사본
   - 해외이주신고확인서(환전용) – 국내로부터 이주하는 경우
   - 현지이주확인서(이주비환전용) – 현지이주의 경우
   - 세무서장이 발급한 자금출처 확인서 – 해외이주비 총액이 10만 불 초과 시

2. 송금한도 등
   한도 제한 없음

3. 송금방법
   A은행 영업점을 거래외국환은행으로 지정한 후 송금 가능

4. 알아야 할 사항
   - 관련법규에 의해 해외이주자로 인정받은 날로부터 3년 이내에 지정거래외국환은행을 통해 해외이주비를 지급받아야 함
   - 해외이주자에게는 해외여행경비를 지급할 수 없음

① 송금 한도에는 제한이 없다.
② 국내로부터 이주하는 경우 해외이주신고확인서(환전용)가 필요하다.
③ 관련법규에 의해 해외이주자로 인정받은 날로부터 3년 이내에 지정거래외국환은행을 통해 해외이주비를 지급받아야 한다.
④ A은행 영업점을 거래외국환은행으로 지정한 후 송금이 가능하다.
⑤ 해외이주자의 외화송금에서 반드시 필요한 서류 중 하나는 세무서장이 발급한 자금출처 확인서다.

Tip ⑤ 세무서장이 발급한 자금출처 확인서는 해외이주비 총액이 10만 불을 초과할 때 필요한 서류다.

Answer 17.② 18.⑤

19 다음을 근거로 판단할 때 금융기관 등이 의무적으로 해야 할 일이 아닌 것을 〈보기〉에서 모두 고르면?

〈혐의거래보고 기본체계〉

1) 혐의거래보고의 대상

금융기관 등은 ①원화 2천만 원 또는 외화 1만 달러 상당 이상의 거래로서 금융재산이 불법재산이거나 금융거래 상대방이 자금세탁행위를 하고 있다고 의심할 만한 합당한 근거가 있는 경우, ②범죄수익 또는 자금세탁행위를 알게 되어 수사기관에 신고한 경우에는 의무적으로 금융정보분석원에 혐의거래보고를 하여야 한다.

의무보고대상거래를 보고하지 않을 경우에는 관련 임직원에 대한 징계 및 기관에 대한 과태료 부과 등 적절한 제재조치를 할 수 있다. 또한, 혐의거래 중 거래액이 보고대상 기준금액 미만인 경우에 금융기관은 이를 자율적으로 보고할 수 있다.

2) 혐의거래보고의 방법 및 절차

영업점직원은 업무지식과 전문성, 경험을 바탕으로 고객의 평소 거래상황, 직업, 사업내용 등을 고려하여 취급한 금융거래가 혐의거래로 의심되면 그 내용을 보고책임자에게 보고한다.

보고책임자는 특정금융거래정보보고 및 감독규정의 별지서식에 의한 혐의거래보고서에 보고기관, 거래상대방, 의심스러운 거래내용, 의심스러운 합당한 근거, 보존하는 자료의 종류 등을 기재하여 온라인으로 보고하거나 문서로 제출하되, 긴급한 경우에는 우선 전화나 팩스로 보고하고 추후 보완할 수 있다.

〈보기〉

㉠ A은행은 창구에서 3천만 원을 현금으로 인출하려는 고객의 금융재산이 불법재산이라고 의심할 만한 합당한 근거가 있어 혐의거래보고를 한다.

㉡ B은행이 자금세탁행위로 신고하여 검찰수사를 받고 있는 거래에 대하여 B은행은 혐의거래보고서를 금융정보분석원에 제출한다.

㉢ C은행은 10억 원을 해외송금하는 거래자에 대해 뚜렷이 의심할 만한 근거는 없으나 거액의 거래이므로 혐의거래보고를 한다.

㉣ D은행은 의심할 만한 합당한 근거가 있는 거래에 대해 혐의거래보고서를 완벽하게 작성하지 못했지만 신속한 조사를 위해 팩스로 검찰청에 제출한다.

㉤ E은행은 5백만 원을 현금으로 인출하는 거래에 대해 의심할 만한 합당한 근거를 찾고 혐의거래보고서를 금융정보분석원에 제출한다.

① ㉠, ㉡
② ㉢, ㉣
③ ㉡, ㉣, ㉤
④ ㉡, ㉢, ㉤
⑤ ㉢, ㉣, ㉤

Tip
㉠ 혐의거래보고의 대상 ①에 해당하는 사례로 의무적으로 금융정보분석원에 혐의거래보고를 하여야 한다.
㉡ 혐의거래보고의 대상 ②에 해당하는 사례로 의무적으로 금융정보분석원에 혐의거래보고를 하여야 한다.
㉢ 의심할 만한 합당한 근거가 없으므로 의무적으로 혐의거래보고를 해야 하는 것은 아니다.
㉣ 의무적으로 혐의거래보고를 하여야 하는 것은 금융정보분석원에 해당한다. 검찰청에 제출하는 것은 의무적으로 해야 하는 일은 아니다.
㉤ 거래액이 보고대상 기준금액인 원화 2천만 원 미만이므로 금융기관은 이를 자율적으로 보고할 수 있다.

20 다음 글의 빈칸에 들어갈 내용으로 가장 적절한 것은?

> 동양화의 특징인 여백의 표현도 산점 투시(散點透視)와 관련된 것이다. 동양화에서는 산점 투시를 택하여 구도를 융통성 있게 짜기 때문에 유모취신(遺貌取神)적 관찰 내용을 화면에 그대로 표현할 수 있다. 즉 대상 가운데 주제와 사상을 가장 잘 나타낼 수 있는 본질적인 부분만을 취하고, ______________ 그 결과 여백이 생기게 된 것이다. 이 여백은 하늘일 수도 있고 땅일 수도 있으며, 혹은 화면에서 제거된 기타 여러 가지일 수도 있다. 그런데 여백은 단순히 비어 있는 공간은 아니다. 그것은 주제를 돋보이게 할 뿐 아니라 동시에 화면의 의경(意境)을 확대시킨다. 당나라 시대 백거이는 '비파행(琵琶行)'이라는 유명한 시에서 악곡이 쉬는 부분을 묘사할 때, "이 때에는 소리를 내지 않는 것이 소리를 내는 것보다 더 낫다."라고 하였다. 여기서 '일시적으로 소리를 쉬는 것'은 악곡 선율의 연속인데, 이는 '뜻은 다달았으되 붓이 닿지 않은 것'과 같은 뜻이다. 이로 인해 보는 이는 상상력을 발휘할 수 있는 여지를 더 많이 가질 수 있고, 동시에 작품은 예술적 공감대를 확대하게 된다.

① 풍경을 최대한 자세하게 표현한다.
② 주변 인물들의 표정을 과장되게 묘사한다.
③ 주제와 관련 없는 부분을 화면에서 제거한다.
④ 나머지는 추상적으로 표현하여 궁금증을 유발시킨다.
⑤ 화면을 여러 가지 화려한 색으로 채색한다.

Tip
주어진 글은 미술, 음악 등 작품에서 본질적인 부분만을 취하고 '주제와 관련 없는 부분을 화면에서 제거'하는 '여백의 미'에 대한 내용이다.

Answer 19.⑤ 20.③

21 다음 글을 바딩으로 하여 빈칸을 쓰되 예시를 사용하여 구체적으로 진술하고자 할 때, 가장 적절한 것은?

> 사람들은 경쟁을 통해서 서로의 기술이나 재능을 최대한 발휘할 수 있는 기회를 갖게 된다. 즉, 개인이나 집단이 남보다 먼저 목표를 성취하려면 가장 효과적으로 목표에 접근하여야 하며 그러한 경로를 통해 경제적으로나 시간적으로 가장 효율적으로 목표를 성취한다면 사회 전체로 볼 때 이익이 된다. 그러나 이러한 경쟁에 전제되어야 할 것은 많은 사람들의 합의로 정해진 경쟁의 규칙을 반드시 지켜야 한다는 것이다. 즉, ______________________________

① 농구나 축구, 마라톤과 같은 운동 경기에서 규칙과 스포츠맨십이 지켜져야 하는 것처럼 경쟁도 합법적이고 도덕적인 방법으로 이루어져야 하는 것이다.

② 21세기의 무한 경쟁 시대에 우리가 살아남기 위해서는 기초 과학 분야에 대한 육성노력이 더욱 필요한 것이다.

③ 지구, 금성, 목성 등의 행성들이 태양을 중심으로 공전하는 것처럼 경쟁도 하나의 목표를 향하여 질서 있는 정진(精進)이 필요한 것이다.

④ 가수는 가창력이 있어야 하고, 배우는 연기에 대한 재능이 있어야 하듯이 경쟁은 자신의 적성과 소질을 항상 염두에 두고 이루어져야 한다.

⑤ 모로 가도 서울만 가면 된다고 어떤 수단과 방법을 쓰든 경쟁에서 이기기만 하면 되는 것이다.

Tip 경쟁은 둘 이상의 사람이 하나의 목표를 향해서 다른 사람보다 노력하는 것이며, 이 때 경쟁의 전제가 되는 것은 합의에 의한 경쟁 규칙을 반드시 지켜야 한다는 점이므로 빈칸에는 '경쟁은 정해진 규칙을 꼭 지키는 가운데서 이루어져야 한다.'는 내용이 올 수 있을 것이다. 농구나 축구, 그리고 마라톤 등의 운동 경기는 자신의 소속 팀을 위해서 또는 자기 자신을 위해서 다른 팀이나 타인과 경쟁하는 것이며, 스포츠맨십은 규칙의 준수와 관련이 있으므로 글에서 말하는 경쟁의 한 예로 적합하다.

22 다음은 어느 공문서의 내용이다. 잘못된 부분을 수정하려고 할 때 옳지 않은 것은?

대한기술평가원

수신자 : 대한기업, 민국기업, 만세기업, 사랑기업, 서준기업 등

(경유)

제목 : 2015년 하반기 기술신용보증 및 기술평가 설명회 안내

〈중략〉

-아래-

1. 일시 : 2015년 8월 6일~8월 9일
2. 장소 : 대한기술평가원 대강당(서울 강남구 삼성동 소재)
3. 접수방법 : 대한기술평가원 홈페이지(fdjlkkl@dh.co.kr)에서 신청서 작성 후 방문 접수 및 온라인 접수

붙임 : 2015년 하반기 기술신용보증 및 기술평가 설명회 신청서 1부

대한기술평가원장

과장 홍길동　　부장 임꺽정　　대결 홍경래

협조자

시행 : 기술신용보증평가부-150229(2015.06.13)

접수 : 서울 강남구 삼성동 113 대한기술평가원 기술신용보증평가부/http://www.dh.co.kr

전화 : 02-2959-2225 팩스 : 02-7022-1262/fdjlkkl@dh.co.kr/공개

① 시행 항목의 시행일자 뒤에 수신기관의 문서보존기간을 삽입해야 한다.

② 붙임 항목 맨 뒤에 "."을 찍고 1자 띄우고 '끝.'을 기입해야 한다.

③ 일시의 연월일을 온점(.)으로 고쳐야 한다.

④ 수신자 목록을 발신명의 아래에 수신처 참조 목록으로 내려 기입해야 한다.

⑤ 보존기간의 표시로 영구, 준영구, 10년, 5년 등을 사용할 수 있다.

Tip 공문서는 시행일자 뒤에 수신처에서 문서를 보존할 기간을 기입해야 하지만 행정기관이 아닌 경우에는 기재를 하지 않아도 된다.

Answer 21.① 22.①

23 다음은 출신율 저하와 인구정책에 관한 글을 쓰기 위해 정리한 글감과 생각이다. 〈보기〉와 같은 방식으로 내용을 전개하려고 할 때 바르게 연결된 것은?

> ㉠ 가임 여성 1인당 출산율이 1.3명으로 떨어졌다.
> ㉡ 여성의 사회 활동 참여율이 크게 증가하고 있다.
> ㉢ 현재 시행되고 있는 출산장려 정책은 큰 효과가 없다.
> ㉣ 새롭고 실제 가정에 도움이 되는 출산장려 정책이 추진되어야 한다.
> ㉤ 가치관의 변화로 자녀의 필요성을 느끼지 않는다.
> ㉥ 인구 감소로 인해 노동력 부족 현상이 심화된다.
> ㉦ 노동 인구의 수가 국가 산업 경쟁력을 좌우한다.
> ㉧ 인구 문제에 대한 정부 차원의 대책을 수립한다.

> 〈보기〉
> 문제 상황 → 상황의 원인 → 예상 문제점 → 주장 → 주장의 근거 → 종합 의견

	문제 상황	상황의 원인	예상 문제점	주장	주장의 근거	종합 의견
①	㉠, ㉡	㉤	㉢	㉣	㉥, ㉦	㉧
②	㉠	㉡, ㉤	㉥, ㉦	㉣	㉢	㉧
③	㉡, ㉤	㉥	㉠	㉢, ㉣	㉧	㉦
④	㉢	㉠, ㉡, ㉤	㉦	㉧	㉥	㉣
⑤	㉣	㉠, ㉡, ㉧	㉢	㉤	㉥	㉦

Tip

- 문제 상황 : 출산율 저하(㉠)
- 출산율 저하의 원인 : 여성의 사회 활동 참여율(㉡), 가치관의 변화(㉤)
- 출산율 저하의 문제점 : 노동 인구의 수가 국가 산업 경쟁력을 좌우(㉦)하는데 인구 감소로 인해 노동력 부족 현상이 심화된다(㉥).
- 주장 : 새롭고 실제 가정에 도움이 되는 출산장려 정책이 추진되어야 한다(㉣).
- 주장의 근거 : 현재 시행되고 있는 출산장려 정책은 큰 효과가 없다(㉢).
- 종합 의견 : 인구 문제에 대한 정부 차원의 대책을 수립한다(㉧).

24 다음 업무일지를 바르게 이해하지 못한 것은?

[2017년 5월 4일 업무보고서]

편집팀 팀장 박서준

시간	내용	비고
09:00~10:00	편집팀 회의	- 일주일 후 나올 신간 논의
10:00~12:00	통상업무	
12:00~13:00	점심식사	
13:00~14:30	릴레이 회의	- 편집팀 인원충원에 관해 인사팀 김서현 대리에게 보고 - 디자인팀에 신간 표지디자인 샘플 부탁
14:30~16:00	협력업체 사장과 미팅	- 내일 오전까지 인쇄물 400부 도착
16:00~18:00	서점 방문	- 지난 시즌 발간한 서적 동향 파악

① 5월 11일 신간이 나올 예정이다.

② 편집팀은 현재 인력이 부족한 상황이다.

③ 저번 달에도 신간을 발간했다.

④ 내일 오전 인쇄물 400부가 배송될 예정이다.

⑤ 오후에 디자인팀에 표지디자인 샘플을 부탁했다.

Tip ③ 지난 시즌이라고만 명시했지 구체적으로 언제 발간했는지 밝혀지지 않았다.

Answer 23.② 24.③

25 다음 글의 내용과 부합하는 것은?

여러 가지 호흡기 질환을 일으키는 비염은 미세먼지 속의 여러 유해 물질들이 코 점막을 자극하여 맑은 콧물이나 코막힘, 재채기 등의 증상을 유발하는 것을 말한다. 왜 코 점막의 문제인데, 비염 증상으로 재채기가 나타날까? 비염 환자들의 코 점막을 비내시경을 통해 관찰하게 되면 알레르기성 비염 환자에겐 코 점막 내의 돌기가 관찰된다. 이 돌기들이 외부에서 콧속으로 유입되는 먼지, 꽃가루, 유해물질 등에 민감하게 반응하면서 재채기 증상이 나타나는 것이다.

알레르기성 비염은 집먼지, 진드기 등이 매개가 되는 통연성 비염과 계절성 원인이 문제가 되는 계절성 비염으로 나뉜다. 최근 들어 미세먼지, 황사 등 대기 질을 떨어뜨리는 이슈가 자주 발생하면서 계절성 비염의 발생 빈도는 점차 늘어나고 있는 추세다.

아직도 비염을 단순히 코 점막 질환이라 생각한다면 큰 오산이다. 비염은 면역력의 문제, 체열 불균형의 문제, 장부의 문제, 독소의 문제가 복합적으로 얽혀서 코 점막의 비염 증상으로 표출되는 복합질환이다. 비염의 원인이 다양하고 복합적인만큼 환자마다 나타나는 비염 유형도 가지각색이다. 비염 유형에 따른 비염 증상에는 어떤 것이 있을까? 비염은 크게 열성 비염, 냉성 비염, 알레르기성 비염으로 나눌 수 있다.

가장 먼저, 열성 비염은 뇌 과열과 소화기의 열이 주된 원인으로 발생한다. 코 점막을 건조하게 만드는 열은 주로 뇌 과열과 소화기의 열 상승으로 발생하기 때문에 비염 증상으로는 코 점막의 건조, 출혈 및 부종 외에도 두통, 두중감, 학습장애, 얼굴열감, 급박한 변의 등이 동반되어 나타날 수 있다. 냉성 비염은 호흡기의 혈액순환 저하로 코 점막이 창백해지고 저온에 노출됐을 때 맑은 콧물 및 시큰한 자극감을 주 증상으로 하는 비염을 말한다. 또한, 호흡기 점막의 냉각은 소화기능의 저하와 신진대사 저하를 동반하기도 한다. 냉성 비염 증상은 맑은 콧물, 시큰거림 외에도 수족냉증, 체열 저하, 활력 감소, 만성 더부룩함, 변비가 동반되어 나타난다. 알레르기성 비염은 먼저, 꽃가루, 온도 등에 대한 면역 반응성이 과도하여 콧물, 코막힘, 재채기, 가려움증 등을 유발하는 비염 유형이다. 알레르기성 비염은 임상적으로 열성과 냉성으로 또 나뉠 수 있는데, 열성 비염의 동반증상으로는 코막힘, 건조함, 충혈, 부종 및 콧물이 있고, 냉성 비염의 동반증상은 맑은 콧물과 시큰한 자극감이 나타날 수 있다.

겨울철 환절기인 9~11월, 알레르기성 비염과 코감기 때문에 고생하는 이들이 많다. 코감기는 알레르기성 비염과 증상이 비슷해 많은 이들이 헷갈려 하지만, 치료법이 다르기 때문에 정확하게 구분하는 것이 중요하다. 알레르기성 비염은 여러 자극에 대해 코 점막이 과잉반응을 일으키는 염증성 질환으로 맑은 콧물, 코막힘, 재채기라는 3대 비염 증상과 함께 코 가려움증, 후비루 등이 나타날 수 있다. 또한 발열이나 오한 없이 오직 코의 증상이 나타나는데, 원인은 일교차, 꽃가루, 스트레스 등으로 다양하다. 반면 코감기는 몸 전체가 아픈 바이러스질환으로 누런 코, 심한 코막힘에 오한, 발열을 동반한 코 증상이 있으며, 코 점막이 새빨갛게 부어 오른 경우는 코감기로 볼 수 있다. 코감기는 충분한 휴식만으로도 치료가 가능할 수 있지만 알레르기성 비염은 꼭 약물치료가 필요하다.

① 비염은 단순히 코 점막의 질환이다.
② 냉성 비염은 뇌 과열과 소화기의 열이 주된 원인으로 발생한다.
③ 열성 비염은 두통, 두중감, 학습장애, 얼굴열감, 급박한 변의 등이 동반되어 나타날 수 있다.
④ 코감기는 오한이나 발열없이 맑은 콧물, 코막힘, 재채기의 증상이 나타난다.
⑤ 3대 비염증상은 진한 콧물, 빨간 코점막, 재채기이다.

Tip
① 비염은 면역력의 문제, 체열 불균형의 문제, 장부의 문제, 독소의 문제가 복합적으로 얽혀서 코 점막의 비염 증상으로 표출되는 복합질환이다.
② 열성 비염은 뇌 과열과 소화기의 열이 주된 원인으로 발생하고 냉성 비염은 호흡기의 혈액순환 저하로 발생한다.
④ 코감기는 몸 전체가 아픈 바이러스질환으로 누런 코, 심한 코막힘에 오한, 발열을 동반한 코 증상이 있다.
⑤ 알레르기성 비염은 맑은 콧물, 코막힘, 재채기라는 3대 비염증상을 동반한다.

Answer 25.③

▌26~27▌ 다음은 환전 안내문이다. 이를 보고 물음에 답하시오.

일반 해외여행자(해외체재자 및 해외유학생이 아닌 분)의 해외여행경비

• 관광, 출장, 방문 등의 목적으로 해외여행시 아래와 같이 외화를 환전할 수 있다.

환전 한도	제출 서류
• 금액 제한 없음(다만, 외국인 거주자는 1만 불 이내) ※ 동일인 기준 미화 1만 불 초과 환전 시 국세청 및 관세청에 통보된다. ※ 미화 1만 불 초과하여 휴대 출국시, 출국 전에 관할 세관의장에게 신고하여야 한다.	• 실명확인증표 • 여권(외국인 거주자의 경우)

해외체재자(해외유학생 포함)의 해외여행경비

• 상용, 문화, 공무, 기술훈련, 6개월 미만의 국외연수 등으로 외국에 체재하는 기간이 30일을 초과하는자(해외체재자) 및 외국의 교육기관 등에서 6개월 이상 수학, 연구, 연수목적 등으로 외국에 체재하는 자(해외유학생)에 대해 아래와 같이 외화를 환전할 수 있다.

환전 한도	제출 서류
• 금액 제한 없음 ※ 건당 미화 1만 불 초과 환전시, 지정거래은행으로부터 "외국환신고(확인)필증"을 발급 받으시기 바랍니다. ※ 연간 미화 10만 불 초과 환전 및 송금시, 국세청에 통보된다.	• 여권 • 입학허가서 등 유학사실 입증서류(해외유학생) • 소속 단체장 또는 국외연수기관장의 출장, 파견증명서(해외체재자)

소지 목적의 외화환전

• 국민인 거주자는 소지를 목적으로 외국환은행으로부터 금액 제한 없이 외국통화 및 여행자수표를 매입할 수 있다.

환전 한도	제출 서류
• 금액 제한 없음 ※ 동일인 기준 미화 1만 불 초과 환전 시 국세청 및 관세청에 통보된다.	• 실명확인증표

북한지역 관광객 및 남북한 이산가족 방문여행자

환전 한도	제출 서류
• 미화 2천 불	• 여권 • 북한지역관광경비 지급영수증

26 관광 목적으로 미국을 여행하려는 자가 미화 1만 5천 불을 휴대하여 출국하려는 경우에는 누구에게 신고하여야 하는가?

① 한국은행 총재
② 국세청장
③ 관세청장
④ 관할 세관의장
⑤ 지정 거래은행장

Tip ④ 미화 1만 불 초과하여 휴대 출국시, 출국 전에 관할 세관의장에게 신고하여야 한다.

27 해외유학생이 미화 1만 5천 불을 환전하는 경우에는 지정거래은행으로부터 어떤 서류를 발급받아야 하는가?

① 소요 경비확인서
② 외국환신고(확인)필증
③ 취득경위 입증서류
④ 수수료 지급영수증
⑤ 실명확인증표

Tip ② 건당 미화 1만 불 초과 환전시, 지정거래은행으로부터 "외국환신고(확인)필증"을 발급 받아야 한다.

Answer 26.④ 27.②

28 다음 글을 읽고 〈보기〉의 질문에 답을 할 때 가장 적절한 것은?

다세포 생물체는 신경계와 내분비계에 의해 구성 세포들의 기능이 조절된다. 이 중 내분비계의 작용은 내분비선에서 분비되는 호르몬에 의해 일어난다. 호르몬을 분비하는 이자는 소화선인 동시에 내분비선이다. 이자 곳곳에는 백만 개 이상의 작은 세포 집단들이 있다. 이를 랑게르한스섬이라고 한다. 랑게르한스섬에는 인슐린을 분비하는 β 세포와 글루카곤을 분비하는 α 세포가 있다.

인슐린의 주된 작용은 포도당이 세포 내로 유입되도록 촉진하여 혈액에서의 포도당 농도를 낮추는 것이다. 또한 간에서 포도당을 글리코겐의 형태로 저장하게 하며 세포에서의 단백질 합성을 증가시키고 지방 생성을 촉진한다.

한편 글루카곤은 인슐린과 상반된 작용을 하는데, 그 주된 작용은 간에 저장된 글리코겐을 포도당으로 분해하여 혈액에서의 포도당 농도를 증가시키는 것이다. 또한 아미노산과 지방산을 저장 부위에서 혈액 속으로 분리시키는 역할을 한다.

인슐린과 글루카곤의 분비는 혈당량에 의해 조절되는데 식사 후에는 혈액 속에 포함되어 있는 포도당의 양, 즉 혈당량이 증가하기 때문에 β 세포가 자극을 받아서 인슐린 분비량이 늘어난다. 인슐린은 혈액 중의 포도당을 흡수하여 세포로 이동시키며 이에 따라 혈당량이 감소되고 따라서 인슐린 분비량이 감소된다. 반면 사람이 한참 동안 음식을 먹지 않거나 운동 등으로 혈당량이 70mg/dl 이하로 떨어지면 랑게르한스섬의 α 세포가 글루카곤 분비량을 늘린다. 글루카곤은 간에 저장된 글리코겐을 분해하여 포도당을 만들어 혈액으로 보내게 된다. 이에 따라 혈당량은 다시 높아지게 되는 것이다. 일반적으로 8시간 이상 공복 후 혈당량이 99mg/dl 이하인 경우 정상으로, 126mg/dl 이상인 경우는 당뇨로 판정한다.

포도당은 뇌의 에너지원으로 사용되는데, 인슐린과 글루카곤이 서로 반대되는 작용을 통해 이 포도당의 농도를 정상 범위로 유지시키는 데 크게 기여한다.

〈보기〉

인슐린에 대해서는 어느 정도 이해를 했습니까? 오늘은 '인슐린 저항성'에 대해 알아보도록 하겠습니다. 인슐린의 기능이 떨어져 세포가 인슐린에 효과적으로 반응하지 못하는 것을 인슐린 저항성이라고 합니다. 그럼 인슐린 저항성이 생기면 우리 몸속에서는 어떤 일이 일어나게 될지 설명해 보시겠습니까?

① 혈액 중의 포도당 농도가 높아지게 됩니다.
② 이자가 인슐린과 글루카곤을 과다 분비하게 됩니다.
③ 간에서 포도당을 글리코겐으로 빠르게 저장하게 됩니다.
④ 아미노산과 지방산을 저장 부위에서 분리시키게 됩니다.
⑤ 혈액의 포도당 농도가 낮아져 인슐린을 분비하게 됩니다.

Tip 인슐린의 기능은 혈액으로부터 포도당을 흡수하여 세포로 이동시켜 혈액에서의 포도당의 농도를 낮추는 것인데, 인슐린의 기능이 저하될 경우 이러한 기능을 수행할 수 없기 때문에 혈액에서의 포도당 농도가 높아지게 된다.

Answer 28.①

29 다음 중 '여요론트' 부족에 대해 이해한 내용으로 적절한 것은?

19세기 일부 인류학자들은 결혼이나 가족 등 문화의 일부에 주목하여 문화 현상을 이해하고자 하였다. 그들은 모든 문화가 '야만→미개→문명'이라는 단계적 순서로 발전한다고 설명하였다. 그러나 이 입장은 20세기에 들어서면서 어떤 문화도 부분만으로는 총체를 파악할 수 없다는 비판을 받았다. 문화를 이루는 인간 생활의 거의 모든 측면은 서로 관련을 맺고 있기 때문이다. 20세기 인류학자들은 이러한 사실에 주목하여 문화 현상을 바라보았다. 어떤 민족이나 인간 집단을 연구할 때에는 그들의 역사와 지리, 자연환경은 물론, 사람들의 체질적 특성과 가족제도, 경제체제, 인간 심성 등 모든 측면을 서로 관련지어서 고찰해야 한다는 것이다. 이를 총체적 관점이라고 한다.

오스트레일리아의 여요론트 부족의 이야기는 총체적 관점에서 인간과 문화를 이해해야 하는 이유를 잘 보여준다. 20세기 초까지 수렵과 채집 생활을 하던 여요론트 부족사회에서 돌도끼는 성인 남성만이 소유할 수 있는 가장 중요한 도구였다. 돌도끼의 제작과 소유는 남녀의 역할 구분, 사회의 위계질서 유지, 부족 경제의 활성화에 큰 영향을 미쳤다.

그런데 백인 신부들이 여성과 아이에게 선교를 위해 선물한 쇠도끼는 성(性) 역할, 연령에 따른 위계와 권위, 부족 간의 교역에 혼란을 초래하였다. 이로 인해 여요론트 부족사회는 엄청난 문화 해체를 겪게 되었다.

쇠도끼로 인한 여요론트 부족사회의 문화 해체 현상은 인간 생활의 모든 측면이 서로 밀접한 관계가 있음을 잘 보여준다. 만약 문화의 발전이 단계적으로 이루어진다는 관점에서 본다면 쇠도끼의 유입은 미개사회에 도입된 문명사회의 도구이며, 문화 해체는 사회 발전을 위해 필요한 과도기로 이해할 것이다. 하지만 이러한 관점으로는 쇠도끼의 유입이 여요론트 부족에게 가지는 의미와 그들이 겪은 문화 해체를 제대로 이해하고 그에 대한 올바른 해결책을 제시하기가 매우 어렵다.

총체적 관점은 인간 사회의 다양한 문화 현상을 이해하는 데 매우 중요한 공헌을 했다. 여요론트 부족사회의 이야기에서 알 수 있듯이, 총체적 관점은 사회나 문화에 대해 객관적이고 깊이 있는 통찰을 가능하게 한다. 이러한 관점을 가지고 인간이 처한 여러 가지 문제를 바라볼 때, 우리는 보다 바람직한 해결 방향을 모색할 수 있을 것이다.

① 문명사회로 나아가기 위해 쇠도끼를 수용하였다.
② 돌도끼는 성인 남자의 권위를 상징하는 도구였다.
③ 쇠도끼의 유입은 타 부족과의 교역을 활성화시켰다.
④ 자기 문화를 지키기 위해 외부와의 교류를 거부하였다.
⑤ 총체적관심은 사회에 대해 주관적인 통찰을 가능하게 했다.

Tip ② 여요론트 부족 사회에서 돌도끼는 성인 남성만이 소유할 수 있는 가장 중요한 도구였으며, 이는 성(性) 역할, 연령에 따른 위계와 권위 등에 큰 영향을 미쳤다. 이러한 2문단의 내용을 통해 돌도끼가 여요론트 부족 사회에서 성인 남자의 권위를 상징하는 도구였다는 것을 알 수 있다.

30 다음 밑줄 친 말 중, ㉠과 가장 유사한 의미로 쓰인 것은?

> 과학이 주장하는 모든 지식은 장차 언제나 기각될 수 있는 운명을 가진 불완전한 지식에 불과하다는 것을 말해 준다. 천동설은 지동설로, 케플러는 뉴턴으로, 뉴턴은 아인슈타인으로, 상대성 이론은 장차 또 다른 대체 이론으로 계속 변해 갈 운명을 ㉠ <u>안고</u> 있는 것이다. 과학의 명제들은 적어도 경험적 관찰에 의해 반증될 가능성을 갖고 있다.

① 꽃다발을 <u>안고</u> 멀리서 걸어오는 그녀가 보였다.
② 그 말이 너무 우스워서 우리는 모두 배를 <u>안고</u> 웃었다.
③ 큰 충격을 받고 뛰쳐나간 나는 바람을 <u>안고</u> 하염없이 걸었다.
④ 사장님의 기대가 너무 커서 신입사원들은 부담을 <u>안고</u> 일을 시작했다.
⑤ 민준이는 서현이를 <u>안고</u>, 그 자리에 서 있었다.

Tip ㉠은 '운명을 안다'에 쓰인 '안다'이므로, 그 뜻이 '손해나 빚 또는 책임, 운명 등을 맡다'라고 볼 수 있다. 이와 가장 유사한 것은 ④의 '부담감을 안다'라고 할 수 있다.

Answer 29.② 30.④

02 수리능력

1 직장생활과 수리능력

(1) 기초직업능력으로서의 수리능력

① **개념** : 직장생활에서 요구되는 사칙연산과 기초적인 통계를 이해하고 도표의 의미를 파악하거나 도표를 이용해서 결과를 효과적으로 제시하는 능력을 말한다.

② 수리능력은 크게 기초연산능력, 기초통계능력, 도표분석능력, 도표작성능력으로 구성된다.

㉠ **기초연산능력** : 직장생활에서 필요한 기초적인 사칙연산과 계산방법을 이해하고 활용할 수 있는 능력

㉡ **기초통계능력** : 평균, 합계, 빈도 등 직장생활에서 자주 사용되는 기초적인 통계기법을 활용하여 자료의 특성과 경향성을 파악하는 능력

㉢ **도표분석능력** : 그래프, 그림 등 도표의 의미를 파악하고 필요한 정보를 해석하는 능력

㉣ **도표작성능력** : 도표를 이용하여 결과를 효과적으로 제시하는 능력

(2) 업무수행에서 수리능력이 활용되는 경우

① 업무상 계산을 수행하고 결과를 정리하는 경우

② 업무비용을 측정하는 경우

③ 고객과 소비자의 정보를 조사하고 결과를 종합하는 경우

④ 조직의 예산안을 작성하는 경우

⑤ 업무수행 경비를 제시해야 하는 경우

⑥ 다른 상품과 가격비교를 하는 경우

⑦ 연간 상품 판매실적을 제시하는 경우

⑧ 업무비용을 다른 조직과 비교해야 하는 경우

⑨ 상품판매를 위한 지역조사를 실시해야 하는 경우

⑩ 업무수행과정에서 도표로 주어진 자료를 해석하는 경우

⑪ 도표로 제시된 업무비용을 측정하는 경우

예제 1

다음 자료를 보고 주어진 상황에 대한 물음에 답하시오.

〈근로소득에 대한 간이 세액표〉

월 급여액(천 원) [비과세 및 학자금 제외]		공제대상 가족 수				
이상	미만	1	2	3	4	5
2,500	2,520	38,960	29,280	16,940	13,570	10,190
2,520	2,540	40,670	29,960	17,360	13,990	10,610
2,540	2,560	42,380	30,640	17,790	14,410	11,040
2,560	2,580	44,090	31,330	18,210	14,840	11,460
2,580	2,600	45,800	32,680	18,640	15,260	11,890
2,600	2,620	47,520	34,390	19,240	15,680	12,310
2,620	2,640	49,230	36,100	19,900	16,110	12,730
2,640	2,660	50,940	37,810	20,560	16,530	13,160
2,660	2,680	52,650	39,530	21,220	16,960	13,580
2,680	2,700	54,360	41,240	21,880	17,380	14,010
2,700	2,720	56,070	42,950	22,540	17,800	14,430
2,720	2,740	57,780	44,660	23,200	18,230	14,850
2,740	2,760	59,500	46,370	23,860	18,650	15,280

※ 갑근세는 제시되어 있는 간이 세액표에 따름
※ 주민세=갑근세의 10%
※ 국민연금=급여액의 4.50%
※ 고용보험=국민연금의 10%
※ 건강보험=급여액의 2.90%
※ 교육지원금=분기별 100,000원(매 분기별 첫 달에 지급)

박○○ 사원의 5월 급여내역이 다음과 같고 전월과 동일하게 근무하였으나 특별수당은 없고 차량지원금으로 100,000원을 받게 된다면, 6월에 받게 되는 급여는 얼마인가? (단, 원 단위 절삭)

(주) 서원플랜테크 5월 급여내역			
성명	박○○	지급일	5월 12일
기본급여	2,240,000	갑근세	39,530
직무수당	400,000	주민세	3,950
명절 상여금		고용보험	11,970
특별수당	20,000	국민연금	119,700
차량지원금		건강보험	77,140
교육지원		기타	
급여계	2,660,000	공제합계	252,290
		지급총액	2,407,710

① 2,443,910
② 2,453,910
③ 2,463,910
④ 2,473,910

[출제의도]
업무상 계산을 수행하거나 결과를 정리하고 업무비용을 측정하는 능력을 평가하기 위한 문제로서, 주어진 자료에서 문제를 해결하는 데에 필요한 부분을 빠르고 정확하게 찾아내는 것이 중요하다.

[해설]

기본급여	2,240,000	갑근세	46,370
직무수당	400,000	주민세	4,630
명절상여금		고용보험	12,330
특별수당		국민연금	123,300
차량지원금	100,000	건강보험	79,460
교육지원		기타	
급여계	2,740,000	공제합계	266,090
		지급총액	2,473,910

답 ④

(3) 수리능력의 중요성

① 수학적 사고를 통한 문제해결

② 직업세계의 변화에의 적응

③ 실용적 가치의 구현

(4) 단위환산표

구분	단위환산
길이	1cm = 10mm, 1m = 100cm, 1km = 1,000m
넓이	$1cm^2$ = $100mm^2$, $1m^2$ = $10,000cm^2$, $1km^2$ = $1,000,000m^2$
부피	$1cm^3$ = $1,000mm^3$, $1m^3$ = $1,000,000cm^3$, $1km^3$ = $1,000,000,000m^3$
들이	1mℓ = $1cm^3$, 1dℓ = $100cm^3$, 1L = $1,000cm^3$ = 10dℓ
무게	1kg = 1,000g, 1t = 1,000kg = 1,000,000g
시간	1분 = 60초, 1시간 = 60분 = 3,600초
할푼리	1푼 = 0.1할, 1리 = 0.01할, 1모 = 0.001할

예제 2

둘레의 길이가 4.4km인 정사각형 모양의 공원이 있다. 이 공원의 넓이는 몇 a인가?

① 12,100a
② 1,210a
③ 121a
④ 12.1a

[출제의도]
길이, 넓이, 부피, 들이, 무게, 시간, 속도 등 단위에 대한 기본적인 환산 능력을 평가하는 문제로서, 소수점 계산이 필요하며, 자릿수를 읽고 구분할 줄 알아야 한다.

[해설]
공원의 한 변의 길이는
$4.4 \div 4 = 1.1(\text{km})$이고
$1\text{km}^2 = 10,000\text{a}$이므로
공원의 넓이는
$1.1\text{km} \times 1.1\text{km} = 1.21km^2$
$= 12,100a$

답 ①

2 수리능력을 구성하는 하위능력

(1) 기초연산능력

① 사칙연산 : 수에 관한 덧셈, 뺄셈, 곱셈, 나눗셈의 네 종류의 계산법으로 업무를 원활하게 수행하기 위해서는 기본적인 사칙연산뿐만 아니라 다단계의 복잡한 사칙연산까지도 수행할 수 있어야 한다.

② 검산 : 연산의 결과를 확인하는 과정으로 대표적인 검산방법으로 역연산과 구거법이 있다.

㉠ 역연산 : 덧셈은 뺄셈으로, 뺄셈은 덧셈으로, 곱셈은 나눗셈으로, 나눗셈은 곱셈으로 확인하는 방법이다.

㉡ 구거법 : 원래의 수와 각 자리 수의 합이 9로 나눈 나머지가 같다는 원리를 이용한 것으로 9를 버리고 남은 수로 계산하는 것이다.

예제 3

다음 식을 바르게 계산한 것은?

$$1+\frac{2}{3}+\frac{1}{2}-\frac{3}{4}$$

① $\frac{13}{12}$　② $\frac{15}{12}$

③ $\frac{17}{12}$　④ $\frac{19}{12}$

[출제의도]
직장생활에서 필요한 기초적인 사칙연산과 계산방법을 이해하고 활용할 수 있는 능력을 평가하는 문제로서, 분수의 계산과 통분에 대한 기본적인 이해가 필요하다.

[해설]
$$\frac{12}{12}+\frac{8}{12}+\frac{6}{12}-\frac{9}{12}=\frac{17}{12}$$

답 ③

(2) 기초통계능력

① 업무수행과 통계

㉠ 통계의 의미 : 통계란 집단현상에 대한 구체적인 양적 기술을 반영하는 숫자이다.

㉡ 업무수행에 통계를 활용함으로써 얻을 수 있는 이점

- 많은 수량적 자료를 처리가능하고 쉽게 이해할 수 있는 형태로 축소
- 표본을 통해 연구대상 집단의 특성을 유추
- 의사결정의 보조수단
- 관찰 가능한 자료를 통해 논리적으로 결론을 추출 · 검증

㉢ 기본적인 통계치

- 빈도와 빈도분포 : 빈도란 어떤 사건이 일어나거나 증상이 나타나는 정도를 의미하며, 빈도분포란 빈도를 표나 그래프로 종합적으로 표시하는 것이다.
- 평균 : 모든 사례의 수치를 합한 후 총 사례 수로 나눈 값이다.
- 백분율 : 전체의 수량을 100으로 하여 생각하는 수량이 그중 몇이 되는가를 퍼센트로 나타낸 것이다.

② 통계기법

㉠ 범위와 평균

- 범위 : 분포의 흩어진 정도를 가장 간단히 알아보는 방법으로 최곳값에서 최젓값을 뺀 값을 의미한다.
- 평균 : 집단의 특성을 요약하기 위해 가장 자주 활용하는 값으로 모든 사례의 수치를 합한 후 총 사례 수로 나눈 값이다.
- 관찰값이 1, 3, 5, 7, 9일 경우 범위는 $9-1=8$이 되고, 평균은 $\frac{1+3+5+7+9}{5}=5$가 된다.

㉡ 분산과 표준편차

- 분산 : 관찰값의 흩어진 정도로, 각 관찰값과 평균값의 차의 제곱의 평균이다.
- 표준편차 : 평균으로부터 얼마나 떨어져 있는가를 나타내는 개념으로 분산값의 제곱근 값이다.
- 관찰값이 1, 2, 3이고 평균이 2인 집단의 분산은 $\frac{(1-2)^2+(2-2)^2+(3-2)^2}{3}=\frac{2}{3}$이고 표준편차는 분산값의 제곱근 값인 $\sqrt{\frac{2}{3}}$이다.

③ 통계자료의 해석

㉠ 다섯숫자요약

- 최솟값 : 원자료 중 값의 크기가 가장 작은 값
- 최댓값 : 원자료 중 값의 크기가 가장 큰 값
- 중앙값 : 최솟값부터 최댓값까지 크기에 의하여 배열했을 때 중앙에 위치하는 사례의 값
- 하위 25%값 · 상위 25%값 : 원자료를 크기 순으로 배열하여 4등분한 값

㉡ 평균값과 중앙값 : 평균값과 중앙값은 그 개념이 다르기 때문에 명확하게 제시해야 한다.

예제 4

인터넷 쇼핑몰에서 회원가입을 하고 디지털캠코더를 구매하려고 한다. 다음은 구입하고자 하는 모델에 대하여 인터넷 쇼핑몰 세 곳의 가격과 조건을 제시한 표이다. 표에 있는 모든 혜택을 적용하였을 때 디지털캠코더의 배송비를 포함한 실제 구매가격을 바르게 비교한 것은?

구분	A 쇼핑몰	B 쇼핑몰	C 쇼핑몰
정상가격	129,000원	131,000원	130,000원
회원혜택	7,000원 할인	3,500원 할인	7% 할인
할인쿠폰	5% 쿠폰	3% 쿠폰	5,000원
중복할인여부	불가	가능	불가
배송비	2,000원	무료	2,500원

① A<B<C
② B<C<A
③ C<A<B
④ C<B<A

[출제의도]
직장생활에서 자주 사용되는 기초적인 통계기법을 활용하여 자료의 특성과 경향성을 파악하는 능력이 요구되는 문제이다.

[해설]
㉠ A 쇼핑몰
• 회원혜택을 선택한 경우: 129,000 − 7,000 + 2,000 = 124,000(원)
• 5% 할인쿠폰을 선택한 경우: 129,000 × 0.95 + 2,000 = 124,550
㉡ B 쇼핑몰: 131,000 × 0.97 − 3,500 = 123,570
㉢ C 쇼핑몰
• 회원혜택을 선택한 경우: 130,000 × 0.93 + 2,500 = 123,400
• 5,000원 할인쿠폰을 선택한 경우: 130,000 − 5,000 + 2,500 = 127,500
∴ C<B<A

답 ④

(3) 도표분석능력

① 도표의 종류

㉠ **목적별** : 관리(계획 및 통제), 해설(분석), 보고

㉡ **용도별** : 경과 그래프, 내역 그래프, 비교 그래프, 분포 그래프, 상관 그래프, 계산 그래프

㉢ **형상별** : 선 그래프, 막대 그래프, 원 그래프, 점 그래프, 층별 그래프, 레이더 차트

② 도표의 활용

㉠ 선 그래프

- 주로 시간의 경과에 따라 수량에 의한 변화 상황(시계열 변화)을 절선의 기울기로 나타내는 그래프이다.
- 경과, 비교, 분포를 비롯하여 상관관계 등을 나타낼 때 쓰인다.

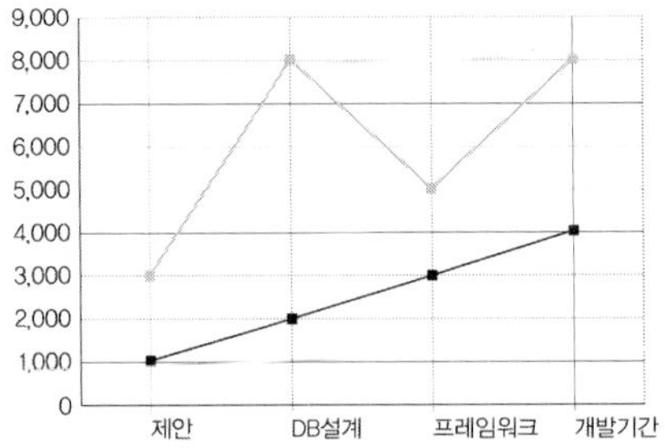

㉡ 막대 그래프

- 비교하고자 하는 수량을 막대 길이로 표시하고 그 길이를 통해 수량 간의 대소관계를 나타내는 그래프이다.
- 내역, 비교, 경과, 도수 등을 표시하는 용도로 쓰인다.

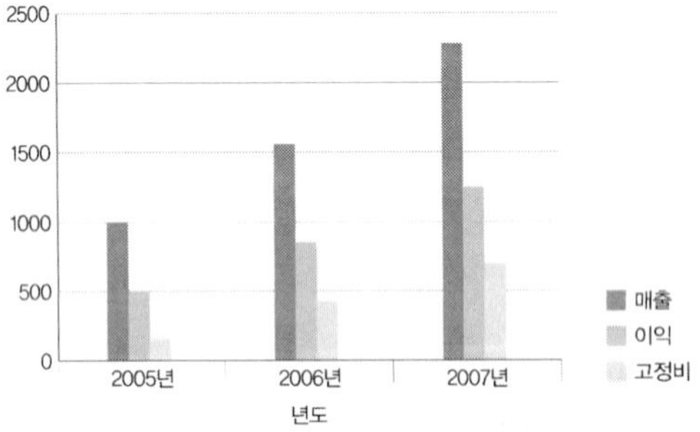

㉢ 원 그래프

- 내역이나 내용의 구성비를 원을 분할하여 나타낸 그래프이다.
- 전체에 대해 부분이 차지하는 비율을 표시하는 용도로 쓰인다.

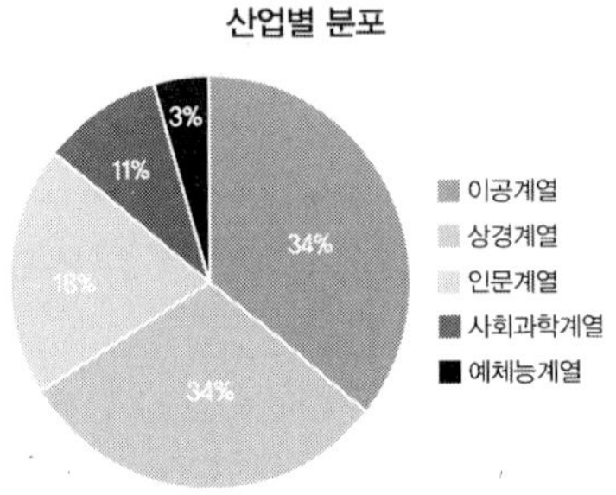

㉣ 점 그래프

- 종축과 횡축에 2요소를 두고 보고자 하는 것이 어떤 위치에 있는가를 나타내는 그래프이다.
- 지역분포를 비롯하여 도시, 기방, 기업, 상품 등의 평가나 위치 · 성격을 표시하는데 쓰인다.

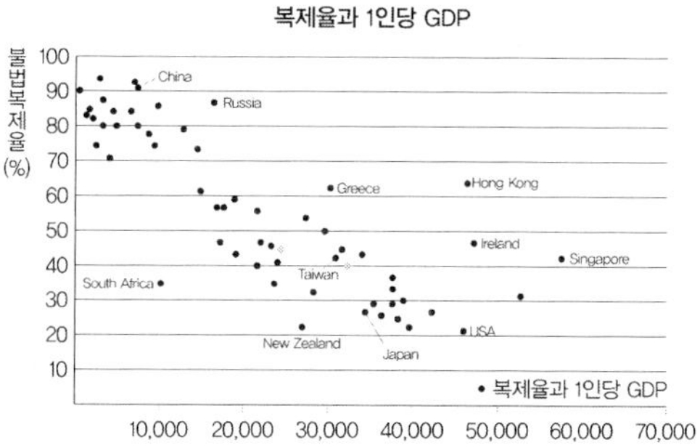

㉤ 층별 그래프

- 선 그래프의 변형으로 연속내역 봉 그래프라고 할 수 있다. 선과 선 사이의 크기로 데이터 변화를 나타낸다.
- 합계와 부분의 크기를 백분율로 나타내고 시간적 변화를 보고자 할 때나 합계와 각 부분의 크기를 실수로 나타내고 시간적 변화를 보고자 할 때 쓰인다.

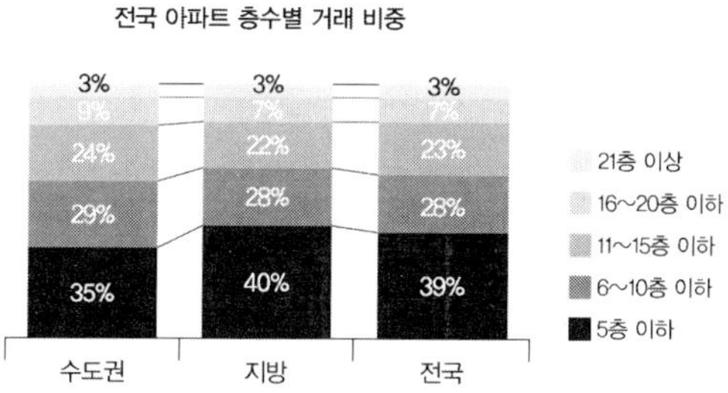

㉥ 레이더 차트(거미줄 그래프)

- 원 그래프의 일종으로 비교하는 수량을 직경, 또는 반경으로 나누어 원의 중심에서의 거리에 따라 각 수량의 관계를 나타내는 그래프이다.
- 비교하거나 경과를 나타내는 용도로 쓰인다.

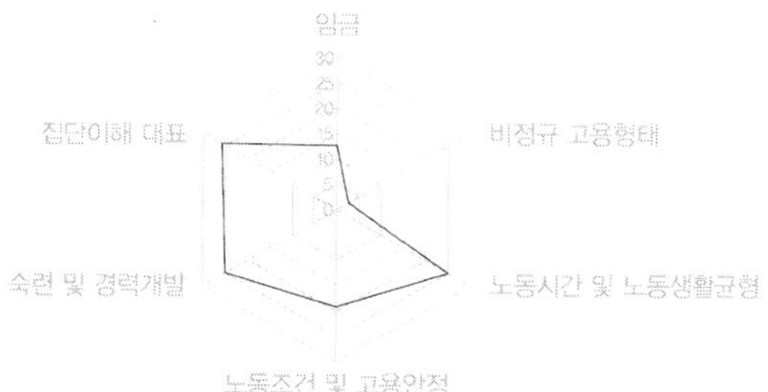

③ 도표 해석상의 유의사항

㉠ 요구되는 지식의 수준을 넓힌다.

㉡ 도표에 제시된 자료의 의미를 정확히 숙지한다.

㉢ 도표로부터 알 수 있는 것과 없는 것을 구별한다.

㉣ 총량의 증가와 비율의 증가를 구분한다.

㉤ 백분위수와 사분위수를 정확히 이해하고 있어야 한다.

예제 5

다음 표는 2009～2010년 지역별 직장인들의 자기개발에 관해 조사한 내용을 정리한 것이다. 이에 대한 분석으로 옳은 것은?

(단위 : %)

연도 / 구분 / 지역	2009				2010			
	자기개발 하고 있음	자기개발 비용 부담 주체			자기개발 하고 있음	자기개발 비용 부담 주체		
		직장 100%	본인 100%	직장50%+본인50%		직장 100%	본인 100%	직장50%+본인50%
충청도	36.8	8.5	88.5	3.1	45.9	9.0	65.5	24.5
제주도	57.4	8.3	89.1	2.9	68.5	7.9	68.3	23.8
경기도	58.2	12	86.3	2.6	71.0	7.5	74.0	18.5
서울시	60.6	13.4	84.2	2.4	72.7	11.0	73.7	15.3
경상도	40.5	10.7	86.1	3.2	51.0	13.6	74.9	11.6

① 2009년과 2010년 모두 자기개발 비용을 본인이 100% 부담하는 사람의 수는 응답자의 절반 이상이다.

② 자기개발을 하고 있다고 응답한 사람의 수는 2009년과 2010년 모두 서울시가 가장 많다.

③ 자기개발 비용을 직장과 본인이 각각 절반씩 부담하는 사람의 비율은 2009년과 2010년 모두 서울시가 가장 높다.

④ 2009년과 2010년 모두 자기개발을 하고 있다고 응답한 비율이 가장 높은 지역에서 자기개발비용을 직장이 100% 부담한다고 응답한 사람의 비율이 가장 높다.

[출제의도]
그래프, 그림, 도표 등 주어진 자료를 이해하고 의미를 파악하여 필요한 정보를 해석하는 능력을 평가하는 문제이다.

[해설]
② 지역별 인원수가 제시되어 있지 않으므로, 각 지역별 응답자 수는 알 수 없다.
③ 2009년에는 경상도에서, 2010년에는 충청도에서 가장 높은 비율을 보인다.
④ 2009년과 2010년 모두 '자기개발을 하고 있다'고 응답한 비율이 가장 높은 지역은 서울시이며, 2010년의 경우 자기개발비용을 직장이 100% 부담한다고 응답한 사람의 비율이 가장 높은 지역은 경상도이다.

답 ①

(4) 도표작성능력

① 도표작성 절차

㉠ 어떠한 도표로 작성할 것인지를 결정

㉡ 가로축과 세로축에 나타낼 것을 결정

㉢ 한 눈금의 크기를 결정

㉣ 자료의 내용을 가로축과 세로축이 만나는 곳에 표현

㉤ 표현한 점들을 선분으로 연결

㉥ 도표의 제목을 표기

② 도표작성 시 유의사항

㉠ 선 그래프 작성 시 유의점

- 세로축에 수량, 가로축에 명칭구분을 제시한다.
- 선의 높이에 따라 수치를 파악하는 경우가 많으므로 세로축의 눈금을 가로축보다 크게 하는 것이 효과적이다.
- 선이 두 종류 이상일 경우 반드시 그 명칭을 기입한다.

㉡ 막대 그래프 작성 시 유의점

- 막대 수가 많을 경우에는 눈금선을 기입하는 것이 알아보기 쉽다.
- 막대의 폭은 모두 같게 하여야 한다.

㉢ 원 그래프 작성 시 유의점

- 정각 12시의 선을 기점으로 오른쪽으로 그리는 것이 보통이다.
- 분할선은 구성비율이 큰 순서로 그린다.

㉣ 층별 그래프 작성 시 유의점

- 눈금은 선 그래프나 막대 그래프보다 적게 하고 눈금선은 넣지 않는다.
- 층별로 색이나 모양이 완전히 다른 것이어야 한다.
- 같은 항목은 옆에 있는 층과 선으로 연결하여 보기 쉽도록 한다.

02 출제예상문제

1 다음은 A~E 5대의 자동차별 속성과 연료 종류별 가격에 관한 자료이다. 60km를 운행하는 데에 연료비가 가장 많이 드는 자동차는?

■ 자동차별 속성

특성 / 자동차	사용연료	최고시속(km/h)	연비(km/l)	연료탱크용량(l)
A	휘발유	200	10	60
B	LPG	160	8	60
C	경유	150	12	50
D	휘발유	180	20	45
E	경유	200	8	50

■ 연료 종류별 가격

연료 종류	리터당 가격(원/l)
휘발유	1,700
LPG	1,000
경유	1,500

① A ② B
③ C ④ D
⑤ E

Tip 60km를 운행할 때 연료비는
① A의 연료비 : 60/10 × 1,700 = 10,200원
② B의 연료비 : 60/8 × 1,000 = 7,500원
③ C의 연료비 : 60/12 × 1,500 = 7,500원
④ D의 연료비 : 60/20× 1,700 = 5,100원
⑤ E의 연료비 : 60/8 × 1,500 = 11,250원

2 다음은 2006년 인구 상위 10개국과 2056년 예상 인구 상위 10개국에 대한 자료이다. 이에 대한 설명 중 옳지 않은 것을 고르면?

(단위 : 백만 명)

순위 \ 구분	2006년		2056년(예상)	
	국가	인구	국가	인구
1	중국	1,311	인도	1,628
2	인도	1,122	중국	1,437
3	미국	299	미국	420
4	인도네시아	225	나이지리아	299
5	브라질	187	파키스탄	295
6	파키스탄	166	인도네시아	285
7	방글라데시	147	브라질	260
8	러시아	146	방글라데시	231
9	나이지리아	135	콩고	196
10	콩고	128	러시아	145

① 2006년 대비 2056년 콩고의 인구는 50% 이상 증가할 것으로 예상된다.
② 2006년 대비 2056년 러시아의 인구는 감소할 것으로 예상된다.
③ 2006년 대비 2056년 인도의 인구 증가율은 중국의 인구 증가율보다 낮을 것으로 예상된다.
④ 2006년 대비 2056년 미국의 인구 증가율은 중국의 인구 증가율보다 높을 것으로 예상된다.
⑤ 2006년 대비 2056년 나이지리아의 인구는 두 배 이상이 될 것으로 예상된다.

Tip

③ 2006년 대비 2056년 인도의 인구 증가율 $= \frac{1,628-1,122}{1,122} \times 100 \fallingdotseq 45.1\%$

2006년 대비 2056년 중국의 인구 증가율 $= \frac{1,437-1,311}{1,311} \times 100 \fallingdotseq 9.6\%$

① 2006년 대비 2056년 콩고의 인구 증가율 $= \frac{196-128}{128} \times 100 = 53.125\%$

② 2006년 러시아의 인구는 146(백만 명), 2056년 러시아의 인구는 145(백만 명)

④ 2006년 대비 2056년 미국의 인구 증가율 $= \frac{420-299}{299} \times 100 \fallingdotseq 40.5\%$

2006년 대비 2056년 중국의 인구 증가율 $= \frac{1,437-1,311}{1,311} \times 100 \fallingdotseq 9.6\%$

⑤ 2006년 나이지리아의 인구는 135(백만 명), 2056년 나이지리아의 인구는 299(백만 명)

Answer 1.⑤ 2.③

3 다음은 ○○시의 시장선거에서 응답자의 종교별 후보지지 설문조사 결과이다. ㈐의 값은? (단, ㈎와 ㈏의 응답자 수는 같다)

(단위 : 명)

응답자의 종교 / 후보	불교	개신교	가톨릭	기타	합
A	130	㈎	60	300	( )
B	260	( )	30	350	740
C	( )	㈏	45	300	㈐
D	65	40	15	( )	( )
계	650	400	150	1,000	2,200

① 670
② 650
③ 630
④ 610
⑤ 590

Tip 빈칸을 채우면 다음과 같다.

응답자의 종교 / 후보	불교	개신교	가톨릭	기타	합
A	130	㈎ 130	60	300	(620)
B	260	(100)	30	350	740
C	(195)	㈏ 130	45	300	㈐ 670
D	65	40	15	(50)	(170)
계	650	400	150	1,000	2,200

4 다음은 산업재산권 유지를 위한 등록료에 관한 자료이다. 다음 중 권리 유지비용이 가장 많이 드는 것은? (단, 특허권, 실용신안권의 기본료는 청구범위의 항 수와는 무관하게 부과되는 비용으로 청구범위가 1항인 경우 기본료와 1항에 대한 가산료가 부과된다)

(단위 : 원)

구분 / 권리	설정등록료 (1~3년분)		연차등록료 4~6년차	7~9년차	10~12년차	13~15년차
특허권	기본료	81,000	매년 60,000	매년 120,000	매년 240,000	매년 480,000
	가산료 (청구범위의 1항마다)	54,000	매년 25,000	매년 43,000	매년 55,000	매년 68,000
실용 신안권	가산료	60,000	매년 40,000	매년 80,000	매년 160,000	매년 320,000
	가산료 (청구범위의 1항마다)	15,000	매년 10,000	매년 15,000	매년 20,000	매년 25,000
디자인권	75,000		매년 35,000	매년 70,000	매년 140,000	매년 280,000
상표권	211,000 (10년분)		10년 연장 시 256,000			

① 청구범위가 3항인 특허권에 대한 3년간의 권리 유지
② 청구범위가 1항인 특허권에 대한 4년간의 권리 유지
③ 청구범위가 3항인 실용신안권에 대한 5년간의 권리 유지
④ 한 개의 디자인권에 대한 7년간의 권리 유지
⑤ 한 개의 상표권에 대한 10년간의 권리 유지

Tip
④ 75,000 + (35,000 × 3) + 70,000 = 250,000원
① 81,000 + (54,000 × 3) = 243,000원
② 81,000 + 54,000 + 25,000 = 160,000원
③ 60,000 + (15,000 × 3) + (10,000 × 2) = 125,000원
⑤ 211,000원

Answer 3.① 4.④

5 다음은 A시의 교육여건 현황을 나타낸 자료이다. 이에 대한 설명 중 옳지 않은 것을 고르면?

교육여건 / 학교급	전체 학교 수	학교당 학급 수	학급당 주간 수업시수(시간)	학급당 학생 수	학급당 교원 수	교원당 학생 수
초등학교	150	30	28	32	1.3	25
중학교	70	36	34	35	1.8	19
고등학교	60	33	35	32	2.1	15

① 모든 초등학교와 중학교의 학생 수 차이는 모든 중학교와 고등학교의 학생 수 차이보다 크다.

② 모든 초등학교의 교원 수는 모든 중학교와 고등학교의 교원 수의 합보다 크다.

③ 모든 초등학교의 주간 수업시수는 모든 중학교의 주간 수업시수보다 많다.

④ 모든 중학교의 교원당 학생 수는 80,000명 이상이다.

⑤ 모든 고등학교의 학급 수는 모든 중학교의 학급수의 80% 이하이다.

Tip ② 모든 초등학교 교원 수 : 150×30×1.3=5,850명
모든 중학교 교원 수 : 70×36×1.8=4,536명
모든 고등학교 교원 수 : 60×33×2.1=4,158명
모든 중학교와 고등학교의 총 교원 수의 합 : 4536+4158=8,694명
따라서 모든 초등학교의 교원 수는 모든 중학교와 고등학교의 교원 수의 합보다 적다.

① 모든 초등학교 학생 수 : 150×30×32=144,000명
모든 중학교 학생 수 : 70×36×35=88,200명
모든 고등학교 학생 수 : 60×33×32=63,360명
모든 초등학교 학생 수와 중학교 학생 수의 차이 : 55,800명
모든 중학교 학생 수와 고등학교 학생 수의 차이 : 24,840명

③ 모든 초등학교 주간 수업시수 : 150×30×28=126,000시간
모든 중학교 주간 수업시수 : 70×36×34=85,680시간

④ 모든 중학교의 교원당 학생 수 : 70×36×1.8×19=86,184명

⑤ 모든 중학교 학급 수 : 70×36=2,520개
모든 고등학교 학급 수 : 60×33=1,980개

$$\frac{\text{모든 고등학교 학급 수}}{\text{모든 중학교 학급 수}} \times 100 = 78.57\cdots$$

따라서 모든 고등학교 학급 수는 모든 중학교 학급수의 약 79%이다.

6 다음은 최근 3년간 우리나라 귀농 · 귀촌 동향을 나타낸 표이다. 표에 대한 설명으로 옳지 않은 것은?

〈표 1〉 연도별 귀농 · 귀촌 가구 수

구분	2012년			2013년			2014년		
	귀촌	귀농	계	귀촌	귀농	계	귀촌	귀농	계
가구 수 (호)	15,788	11,220	27,008	21,501	10,923	32,424	33,442	11,144	44,586
비중 (%)	58.5	41.5	100.0	66.3	33.7	100.0	75.0	25.0	100.0

〈표 2〉 가구주 연령대별 귀농 · 귀촌 추이

구분		귀촌			귀농		
		'12년	'13년	14년'	'15년	'16년	'17년
합계		15,788	21,501	33,442	11,220	10,923	11,144
가구주 연령	30대 이하	3,369	3,807	6,546	1,292	1,253	1,197
	40대	3,302	4,748	7,367	2,766	2,510	2,501
	50대	4,001	6,131	9,910	4,298	4,289	4,409
	60대	3,007	4,447	6,378	2,195	2,288	2,383
	70대 이상	2,109	2,368	3,241	669	583	654

① 귀농 · 귀촌 가구는 2012년 27,008가구에서 2014년 44,586가구로 최근 2년 동안 약 65.1% 증가하였다.

② 귀농 가구 수는 2012년 11,220호에서 2014년 11,144호로 약 0.7% 감소하였다.

③ 귀촌 가구의 경우 가구주의 전 연령대에서 증가하였는데 특히 가구주 연령이 50대인 가구가 가장 많이 늘었다.

④ 가구주 연령이 40대인 귀촌 가구는 2012~2014년 기간 동안 약 147.7% 증가하였다.

⑤ 2012~2014년 기간 동안 가구주 연령이 70대 이상 귀촌 가구는 약 1.54배 증가하였다.

Tip ④ 가구주 연령이 40대인 귀촌 가구는 2012~2014년 기간 동안 약 123.1% 증가하였다.

$$\frac{7,367-3,302}{3,302}\times 100 \fallingdotseq 123.1\%$$

Answer 5.② 6.④

7 다음은 지하가 없는 동일한 바닥면적을 가진 건물들에 관한 사항이다. 이 중 층수가 가장 높은 건물은?

건물	대지면적(m^2)	연면적(m^2)	건폐율(%)
A	400	1,200	50
B	300	840	70
C	300	1,260	60
D	400	1,440	60

※ 건축면적 $= \frac{\text{건폐율} \times \text{대지면적}}{100}$

※ 층수 $= \frac{\text{연면적}}{\text{건축면적}}$

① A
② B
③ C
④ D
⑤ A와 D

Tip

층수 $= \frac{\text{연면적}}{\text{건축면적}} = \frac{\text{연면적} \times 100\%}{\text{건폐율} \times \text{대지면적}}$

- A의 층수 $= \frac{1,200m^2 \times 100\%}{50\% \times 400m^2} = 6$층
- B의 층수 $= \frac{840m^2 \times 100\%}{70\% \times 300m^2} = 4$층
- C의 층수 $= \frac{1,260m^2 \times 100\%}{60\% \times 300m^2} = 7$층
- D의 층수 $= \frac{1,440m^2 \times 100\%}{60\% \times 400m^2} = 6$층

▌8~9▌ 다음은 상품설명서의 일부이다. 물음에 답하시오.

1. 연체이자율

(1) 연체이자율은 [여신이자율+연체기간별 연체가산이자율]로 적용한다.
연체가산이자율은 연체기간별로 다음과 같이 적용하며 연체 기간에 따라 구분하여 부과하는 방식(계단방식)을 적용한다.

- 연체기간이 30일 이하 : 연 6%
- 연체기간이 31일 이상 90일 이하일 경우 : 연 7%
- 연체기간이 91일 이상 : 연 8%

(2) 연체이자율은 최고 15%로 한다.

(3) 연체이자(지연배상금)을 내야 하는 경우

- 「이자를 납입하기로 약정한 날」에 납입하지 아니한 때
이자를 납입하여야 할 날의 다음날부터 14일까지는 내야 할 약정이자에 대해 연체이자가 적용되고, 14일이 경과하면 기한이익상실로 인해 여신원금에 연체이율을 곱한 연체이자를 내야 한다.

(예시) 원금 1억 2천만 원, 약정이자율 연 5%인 여신의 이자(50만 원)를 미납하여 연체가 발생하고, 연체 발생 후 31일 시점에 납부할 경우 연체이자(일시상환)

연체기간	계산방법	연체이자
연체발생~14일분	지체된 약정이자(50만 원)×연 11%(5%+6%)×14/365	2,109원
연체 15일~30일분	원금(1억 2천만 원)×연 11%(5%+6%)×16/365	578,630원
계		580,739원

※ 기한이익상실 전 발생한 약정이자는 별도

※ 위 내용은 이해를 돕기 위해 연체이자만을 단순하게 계산한 예시임. 연체이자는 여신조건, 여신종류 등에 따라 달라질 수 있으며 실제 납부금액은 연체이자에 약정이자를 포함하여 계산됨

- 「원금을 상환하기로 약정한 날」에 상환하지 아니한 때
원금을 상환하여야 할 날의 다음날부터는 여신원금에 대한 연체이자를 내야 한다.
- 「분할상환금(또는 분할상환 원리금)을 상환하기로 한 날」에 상환하지 아니한 때
분할상환금(또는 분할상환 원리금)을 상환하여야 할 날의 다음날부터는 해당 분할상환금(또는 분할상환 원리금)에 대한 연체이자를, 2회 이상 연속하여 지체한 때에는 기한이익상실로 인해 여신원금에 대한 연체이자를 내야 한다.

2. 유의사항

(1) 여신기한 전에 채무를 상환해야 하는 경우
채무자인 고객 소유의 예금, 담보 부동산에 법원이나 세무서 등으로부터의 (가)압류명령 등이 있는 때에는 은행으로부터 별도 청구가 없더라도 모든 여신(또는 해당 여신)을 여신기한에 이르기 전임에도 불구하고 곧 상환해야 한다.

Answer 7.③

(2) 금리인하요구권
채무자는 본인의 신용상태가 호전되거나 담보가 보강되었다고 인정되는 경우(회사채 등급 상승, 재무상태 개선, 특허취득, 담보제공 등)에는 증빙자료를 첨부한 금리인하신청서를 은행에 제출, 금리변경을 요구할 수 있다.

8 분할상환금을 2회 이상 연속하여 상환하지 아니한 경우에는 어떻게 되는가?

① 해당 분할상환금에 대한 연체이자를 내야 한다.
② 기한이익상실로 인해 여신원금에 대한 연체이자를 내야 한다.
③ 증빙자료를 첨부한 금리인하신청서를 은행에 제출하여야 한다.
④ 은행으로부터 별도 청구가 없더라도 모든 여신(또는 해당 여신)을 여신기한에 이르기 전임에도 불구하고 곧 상환해야 한다.
⑤ 내야 할 약정이자에 대한 연체이자를 내야 한다.

Tip ① 분할상환금을 상환하기로 한 날에 1회 상환하지 아니한 때에 해당한다.
③ 금리인하를 요구할 경우에 해당한다.
④ 채무자인 고객 소유의 예금, 담보 부동산에 법원이나 세무서 등으로부터의 (가)압류명령 등이 있는 때에 해당한다.
⑤ 이자를 납입하기로 약정한 날에 납입하지 아니한 때에 해당한다.

9 원금 1억 5천만 원, 약정이자율 연 5%인 여신의 이자(62만 5천 원)를 미납하여 연체가 발생하고, 연체 발생 후 31일 시점에 납부할 경우 실제 납부금액은 얼마인가? (단, 소수 첫째자리에서 반올림한다)

① 1,150,925원 ② 1,250,925원
③ 1,350,925원 ④ 1,450,925원
⑤ 1,550,925원

Tip
- 연체발생~14일분 : 지체된 약정이자(62만 5천 원)×연 11%(5%+6%)×14/365≒2,637원
- 연체 15일~30일분 : 원금(1억 5천만 원)×연 11%(5%+6%)×16/365≒723,288원
- 연체이자 : 2,637+723,288=725,925(원)

실제 납부금액은 연체이자에 약정이자를 포함하여 계산되므로
725,925+625,000=1,350,925(원)이 된다.

10 다음은 국제결혼 건수에 관한 표이다. 이에 관한 설명으로 옳은 것은?

구분 연도	총 결혼건수	국제 결혼건수	외국인 아내건수	외국인 남편건수
1990	399,312	4,710	619	4,091
1994	393,121	6,616	3,072	3,544
1998	375,616	12,188	8,054	4,134
2002	306,573	15,193	11,017	4,896
2006	332,752	39,690	30,208	9,482

① 외국인과의 결혼 비율이 점점 감소하고 있다.

② 21세기 이전에는 총 결혼건수가 증가 추세에 있었다.

③ 총 결혼건수 중 국제 결혼건수가 차지하는 비율이 증가 추세에 있다.

④ 한국 남자와 외국인 여자의 결혼건수 증가율과 한국 여자와 외국인 남자의 결혼건수 증가율이 비슷하다.

⑤ 최근 16년 동안 총 결혼건수는 약 15.8% 감소하였다.

Tip

① 외국인과의 결혼 비율은 점점 증가하고 있다.

② 1990년부터 1998년까지는 총 결혼건수가 감소하고 있었다.

④ 한국 남자와 외국인 여자의 결혼건수 증가율이 한국 여자와 외국인 남자의 결혼건수 증가율보다 훨씬 높다.

⑤ 최근 16년 동안 총 결혼건수는 약 16.7% 감소하였다.

Answer 8.② 9.③ 10.③

11 다음 〈표〉는 A은행 ○○지점 직원들의 지난 달 상품 신규 가입 실적 현황을 나타낸 자료이다. 이에 대한 설명 중 옳은 것을 모두 고르면?

〈표〉 A은행 ○○지점 직원별 상품 신규 가입 실적 현황

구분＼직원	A	B	C	D	E	F
성별	남	남	여	남	여	남
실적(건)	0	2	6	4	8	10

㉠ 직원들의 평균 실적은 5건이다.
㉡ 남자면서 실적이 5건 이상인 직원 수는 전체 남자 직원 수의 50% 이상이다.
㉢ 실적이 2건 이상인 남자 직원의 수는 실적이 4건 이상인 여자 직원의 수의 2배 이상이다.
㉣ 여자 직원이거나 실적이 7건 이상인 직원 수는 전체 직원 수의 50% 이상이다.

① ㉠, ㉡
② ㉠, ㉢
③ ㉠, ㉣
④ ㉡, ㉢
⑤ ㉡, ㉣

Tip

㉠ 직원들의 평균 실적은 $\frac{2+6+4+8+10}{6}=5$건이다.
㉣ 여자 직원이거나 실적이 7건 이상인 직원은 C, E, F로 전체 직원 수의 50% 이상이다.
㉡ 남자이면서 실적이 5건 이상인 직원은 F뿐이므로 전체 남자 직원 수의 25%이다.
㉢ 실적이 2건 이상인 남자 직원은 B, D, F이고, 실적이 4건 이상인 여자 직원은 C, E이다.

12 다음은 A은행과 B은행을 비교한 표이다. 이에 관한 설명으로 옳지 않은 것은?

〈표 1〉

(단위 : 개)

	A은행		B은행	
	2013년	2014년	2013년	2014년
기관 수	6,679	6,395	6,809	6,508
기관 당 지점 수	3	3	14	15

〈표 2〉

(단위 : 백만 달러)

	A은행		B은행	
	2013년	2014년	2013년	2014년
기관 당 자산	161	178	2,162	2,390
총 대출	655,006	723,431	7,891,471	8,309,427
총 저축	922,033	963,115	11,190,522	11,763,780

〈표 3〉

(단위 : %)

	A은행		B은행	
	2013년	2014년	2013년	2014년
예대율	71.0	75.1	70.5	70.6
자산 대비 대출 비중	63.7	60.9	52.6	52.7
핵심 예금 비중	47.6	45.8	33.4	32.2
순 자본 비율	11.0	10.8	11.2	11.2

① 2013년 대비 2014년 B은행 기관 수의 감소폭은 같은 기간 A은행의 감소폭보다 크다.

② 2014년 B은행의 기관 당 지점 수는 A은행의 5배에 달한다.

③ 2013년 대비 2014년 예대율 증가폭은 A은행이 B은행보다 크다.

④ 2013년 대비 2014년 순 자본 비율은 A은행이 0.2%p 감소한 반면 B은행은 변화가 없다.

⑤ 2014년 자산 대비 대출 비중은 B은행이 A은행보다 8.2%p 높다.

Tip ⑤ 2014년 자산 대비 대출 비중은 A은행이 B은행보다 8.2%p 높다.

Answer 11.③ 12.⑤

13 다음은 교육복지지원 정책사업 내 단위사업 세출 결산 현황을 나타낸 표이다. 2012년 대비 2013년의 급식비 지원 증감률로 옳은 것은? (단, 소수 둘째자리부터 버림한다.)

(단위 : 백만 원)

단위사업명	결산액	
	2013년	2012년
총계	5,016,557	3,228,077
학비 지원	455,516	877,020
방과후교육 지원	636,291	–
급식비 지원	647,314	665,984
정보화 지원	61,814	64,504
농어촌학교 교육여건 개선	110,753	71,211
교육복지우선 지원	157,598	188,214
누리과정 지원	2,639,752	989,116
교과서 지원	307,519	288,405
학력격차해소	–	83,622

① −2.8%
② −1.4%
③ 2.8%
④ 10.5%
⑤ 1.4%

Tip

$$\text{급식비 지원 증감률} = \frac{647,314 - 665,984}{665,984} \times 100 \fallingdotseq -2.8\%$$

14 다음은 어느 공과대학의 각 학과 지원자의 비율을 나타낸 것이다. 2008년 건축공학과를 지원한 학생 수가 270명일 때 2008년 건축공학과 지원자 수는 전년 대비 몇 명이 증가하였는가? (단, 2007년과 2008년의 공과대학 전체 지원자 수는 같다고 가정한다.)

(단위 : %)

학과 \ 연도	2007년	2008년
화학공학	13.3	12.5
생명공학	11.6	9.5
기계공학	12.4	14.9
건축공학	24.2	27
도시공학	12.1	12.4
기타학과	26.4	23.7

① 28명
② 21명
③ 14명
④ 7명
⑤ 0명

Tip
㉠ 2008년의 공과대학 전체 지원자 수를 x라 하면,

$$27(\%) = \frac{270(\text{명})}{x(\text{명})} \times 100 \quad \therefore x = 1,000\text{명}$$

㉡ 2007년도의 건축공학과를 지원한 학생 수를 y라 하면,

$$24.2(\%) = \frac{y(\text{명})}{1,000(\text{명})} \times 100 \quad \therefore y = 242\text{명}$$

㉢ 2008년 건축공학과 지원자 수는 270명이고 2007년 지원자 수는 242명이므로, 2008년 건축공학과 지원자 수는 2007년 대비 28명이 증가하였다.

Answer 13.① 14.①

15 다음은 최근 10년 동안 우리나라의 칠레산 농축산물 수입액 추이를 나타낸 표이다. 2003년 대비 2013년의 농산물 수입액의 증가율은?

(단위 : 천 달러, %)

구분	2003년	2008년	2012년	2013년
농산물	21,825(0.4)	109,052(0.8)	222,161(1.2)	268,655(1.4)
포도	13,656(35.1)	64,185(58.2)	117,935(60.3)	167,016(71.1)
키위	1,758(7.8)	3,964(6.9)	12,391(18.5)	11,998(27.6)
축산물	30,530(1.4)	92,492(2.8)	135,707(2.9)	114,442(2.4)
돼지고기	30,237(15.4)	89,508(10.2)	125,860(10.4)	102,477(11.2)
임산물	16,909(0.9)	37,518(1.3)	355,332(5.9)	398,595(6.1)
합계	69,264(0.7)	239,062(1.2)	713,200(2.4)	781,692(2.6)

※ 괄호 안의 숫자는 우리나라 총 수입에서 칠레산이 차지하는 비율이다.

① 약 1,230%
② 약 1,130%
③ 약 1,030%
④ 약 930%
⑤ 약 830%

Tip $\frac{268,655-21,825}{21,825}\times 100 \fallingdotseq 1,131\%$

▌16~17▐ 다음의 상품설명서를 읽고 물음에 답하시오.

〈거래 조건〉

구분		금리
적용금리	모집기간 중	큰 만족 실세예금 1년 고시금리
	계약기간 중 중도해지	없음
	만기 후	원금의 연 0.10%
중도해지 수수료율 (원금기준)	예치기간 3개월 미만	개인 원금의 0.38% 법인 원금의 0.38%
	예치기간 3개월 이상~6개월 미만	개인 원금의 0.29% 법인 원금의 0.30%
	예치기간 6개월 이상~9개월 미만	개인 원금의 0.12% 법인 원금의 0.16%
	예치기간 9개월 이상~12개월 미만	원금의 0.10%
이자지급방식	만기일시지급식	
계약의 해지	영업점에서 해지 가능	

〈유의사항〉

- 예금의 원금보장은 만기 해지 시에만 적용된다.
- 이 예금은 분할해지 할 수 없으며 중도해지 시 중도해지수수료 적용으로 원금손실이 발생할 수 있다. (중도해지수수료는 '가입금액×중도해지수수료율'에 의해 결정)
- 이 예금은 예금기간 중 지수가 목표지수변동률을 넘어서 지급금리가 확정되더라도 이자는 만기에만 지급한다.
- 지수상승에 따른 수익률(세전)은 실제 지수상승률에도 불구하고 연 4.67%를 최대로 한다.

16 석준이는 개인이름으로 최초 500만 원의 원금을 가지고 이 상품에 가입했다가 불가피한 사정으로 5개월 만에 중도해지를 했다. 이때 석준이의 중도해지 수수료는 얼마인가?

① 6,000원
② 8,000원
③ 14,500원
④ 15,000원
⑤ 19,000원

Tip 5,000,000×0.29%=14,500원

Answer 15.② 16.③

17 상원이가 이 예금에 가입한 후 증시 호재로 인해 지수가 약 29% 상승하였다. 이 경우 상원이의 최대 수익률은 연 몇 %인가? (단, 수익률은 세전으로 한다)

① 연 1.35%
② 연 4.67%
③ 연 14.5%
④ 연 21%
⑤ 연 29%

Tip 〈유의사항〉에 "지수상승에 따른 수익률(세전)은 실제 지수상승률에도 불구하고 연 4.67%를 최대로 한다."고 명시되어있다.

18 다음은 아동 · 청소년의 인구변화에 관한 표이다. 다음 중 비율이 가장 높은 것은?

(단위 : 명)

연령 \ 연도	2000년	2005년	2010년
전체 인구	44,553,710	45,985,289	47,041,434
0~24세	18,403,373	17,178,526	15,748,774
0~9세	6,523,524	6,574,314	5,551,237
10~24세	11,879,849	10,604,212	10,197,537

① 2000년의 전체 인구 중에서 0~24세 사이의 인구가 차지하는 비율
② 2005년의 0~24세 인구 중에서 10~24세 사이의 인구가 차지하는 비율
③ 2010년의 전체 인구 중에서 0~24세 사이의 인구가 차지하는 비율
④ 2000년의 0~24세 인구 중에서 10~24세 사이의 인구가 차지하는 비율
⑤ 2005년의 0~24세 인구 중에서 0~9세 사이의 인구가 차지하는 비율

Tip
④ $\frac{11,879,849}{18,403,373} \times 100 \fallingdotseq 64.55\%$

① $\frac{18,403,373}{44,553,710} \times 100 \fallingdotseq 41.31\%$

② $\frac{10,604,212}{17,178,526} \times 100 \fallingdotseq 61.73\%$

③ $\frac{15,748,774}{47,041,434} \times 100 \fallingdotseq 33.48\%$

⑤ $\frac{6,574,314}{17,178,526} \times 100 \fallingdotseq 38.27\%$

19 다음은 지난 10년간의 농가경제의 변화 추이를 나타낸 표이다. 이에 대한 설명으로 옳지 않은 것은?

〈표 1〉 농가 판매가격 및 농가 구입가격 지수 추이

(단위 : %)

구분	2005년	2010년	2012년	2013년	2014년
농가 판매가격 지수	92.5	100.0	117.5	113.2	111.3
농가 구입가격 지수	81.8	100.0	106.1	107.1	108.4

〈표 2〉 2005년~2014년 농가 판매 및 구입가격 증감률

(단위 : %)

농가 판매가격 지수		농가 구입가격 지수	
농산물 전체	20.3	구입용품 전체	32.5
곡물	14.0	가계용품	25.5
청과물	31.2	농업용품	46.7
축산물	5.9	농촌임료금	51.9

※ 농가교역조건지수 : 농가가 판매하는 농축산물과 구입하는 가계용품 · 농업용품 · 농촌임료금의 가격상승 정도를 비교하여 가격 측면에서 농가의 채산성을 나타내는 지표

※ 농가교역조건지수 $= \frac{\text{농가 판매가격 지수}}{\text{농가 구입가격 지수}} \times 100$

① 지난 10년간 농가가 농축산물을 판매한 가격보다 가계용품 · 농업용품 · 농촌임료금 등을 구입한 가격이 더 크게 상승하였다.

② 지난 10년간 농가구입 품목 중 농촌임료금은 51.9% 증가하였다.

③ 지난 10년간 농가 판매가격은 곡물 14.0%, 청과물 31.2%, 축산물 5.9% 증가하는데 그쳤다.

④ 위 두 표를 통해 지난 10년간 가격 측면에서 농가의 채산성을 나타내는 '농가교역조건'이 악화되고 있음을 알 수 있다.

⑤ 지난 10년간 농가교역조건지수는 약 13.0%p 하락하였다.

Tip

- 2005년 농가교역조건지수 : $\frac{92.5}{81.8} \times 100 ≒ 113\%$
- 2014년 농가교역조건지수 : $\frac{111.3}{108.4} \times 100 ≒ 103\%$

∴ 지난 10년간 농가교역지수는 약 10%p 하락하였다.

Answer 17.② 18.④ 19.⑤

▌20~21▌ 다음은 2015년 세계 100대 은행에 포함된 국내 5개 은행의 평균 성과지표를 비교한 표이다. 물음에 답하시오.

	자산(억 달러)	세전 이익(억 달러)	ROA(%)	BIS비율(%)	자산 대비 대출 비중(%)
세계 10대 은행 평균	23,329	303	1.3	14.6	47.9
국내 5개 은행 평균	2,838	8.1	0.2	13.6	58.9

20 국내 5개 은행 평균 자산은 세계 10대 은행 평균 자산의 약 몇 %에 해당하는가? (단, 소수점 둘째자리에서 반올림한다)

① 약 12.2%
② 약 12.4%
③ 약 12.6%
④ 약 12.8%
⑤ 약 13.0%

Tip $\frac{2838}{23329} \times 100 \fallingdotseq 12.2\%$

21 국내 5개 은행 평균 자산 대비 대출 비중은 세계 10대 은행 평균 자산 대비 대출 비중의 약 몇 배에 해당하는가?

① 약 1.2배
② 약 1.8배
③ 약 2.4배
④ 약 2.9배
⑤ 약 3.6배

Tip $\frac{58.9}{47.9} \fallingdotseq 1.2$배

22 다음은 2014년 분야별 상담 건수 현황에 관한 표이다. 8월의 분야별 상담 건수비율로 적절하지 않은 것은? (단, 소수점 셋째자리에서 반올림한다.)

구분	개인정보	스팸	해킹 · 바이러스	인터넷 일반	인터넷 주소	KISA 사업문의	기타	합계
5월	10,307	12,408	14,178	476	182	2,678	10,697	50,926
6월	10,580	12,963	10,102	380	199	2,826	12,170	49,220
7월	13,635	12,905	7,630	393	201	3,120	13,001	50,875
8월	15,114	9,782	9,761	487	175	3,113	11,128	49,560

① 스팸 : 19.74%

② 해킹 · 바이러스 : 19.70%

③ 인터넷 일반 : 1.3%

④ 인터넷 주소 : 0.35%

⑤ 기타 : 22.45%

Tip

③ $\frac{487}{49,560} \times 100 \fallingdotseq 0.98\%$

① $\frac{9,782}{49,560} \times 100 \fallingdotseq 19.74\%$

② $\frac{9,761}{49,560} \times 100 \fallingdotseq 19.70\%$

④ $\frac{175}{49,560} \times 100 \fallingdotseq 0.35\%$

⑤ $\frac{11,128}{49,560} \times 100 \fallingdotseq 22.45\%$

Answer 20.① 21.① 22.③

23 다음은 국내 은행의 당기순이익 및 당기순이익 점유비 추이를 나타낸 표이다. 2015년 C사의 점유비가 재작년보다 7.2%p 감소하였다면 2015년 A사와 B사의 당기순이익 점유비 합은?

(단위 : 억 원, %)

구분	2013년	2014년	2015년
A사	2,106(4.1)	1,624(4.7)	1,100(㉠)
B사	12,996(25.8)	8,775(25.6)	5,512(21.3)
C사	13,429(26.6)	3,943(11.5)	5,024(㉡)
D사	16,496(32.7)	13,414(39.1)	8,507(32.9)
E사	5,434(10.8)	6,552(19.1)	5,701(22.1)
총계	50461(100)	34308(100)	25844(100)

① 22.8%
② 24.3%
③ 25.6%
④ 27.1%
⑤ 29.7%

Tip
• 2015년 C사의 단기순이익 점유비가 2013년도보다 7.2% 감소하였으므로, ㉡=19.4%
• 2015년 A사의 단기순이익 점유비 ㉠=4.3%
∴ 2015년 A사와 B사의 당기순이익 점유비 합은 4.3+21.3=25.6%이다.

24 다음은 신입사원 300명을 대상으로 어떤 스포츠에 관심이 있는지 조사한 표이다. 두 종목 이상의 스포츠에 관심이 있는 사원의 수는?

스포츠 종목	비율(%)	스포츠 종목	비율(%)
야구	30	축구와 농구	7
농구	20	야구와 축구	9
축구	25	농구와 야구	9

① 25명
② 50명
③ 75명
④ 100명
⑤ 125명

Tip
300×(7+9+9)%=75명

25 서울시 유료 도로에 대한 자료이다. 산업용 도로 3km의 건설비는 얼마가 되는가?

분류	도로수(개)	총길이(km)	건설비(억 원)
관광용 도로	5	30	30
산업용 도로	7	55	300
산업관광용 도로	9	198	400
합계	21	283	730

① 약 5.5억 원
② 약 11억 원
③ 약 16.5억 원
④ 약 22억 원
⑤ 약 25.5억 원

Tip

- 1km 당 산업용 도로의 건설비 $= \frac{300}{55} \fallingdotseq 5.5$(억 원)
- 3km 당 산업용 도로의 건설비 $= 5.5 \times 3 \fallingdotseq 16.5$(억 원)

26 다음은 갑과 을의 시험 성적에 관한 자료이다. 이에 대한 설명으로 옳지 않은 것은?

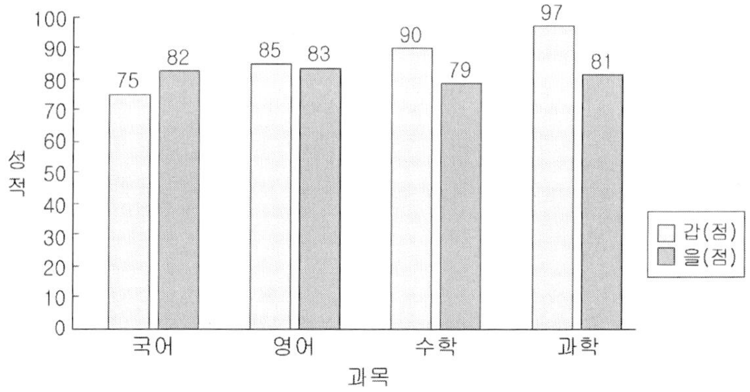

① 을이 갑보다 성적이 높은 과목은 국어이다.
② 갑의 평균 점수는 을의 평균 점수보다 낮다.
③ 을은 수학을 제외하고 모두 80점대를 기록했다.
④ 갑의 과목별 성적은 국어 점수가 가장 낮다.
⑤ 을의 시험 점수 중 가장 낮은 성적을 받은 과목은 수학이다.

Answer 23.③ 24.③ 25.③ 26.②

Tip
① 을의 국어 점수는 82점으로 갑보다 높다.
② 갑의 평균 점수는 86.75점, 을의 평균 점수는 81.25점이다.
③ 을의 수학 점수는 79점이고 나머지는 80점대를 기록했다.
④ 갑의 국어 점수는 75점으로 상대적으로 다른 과목에 비해 낮은 점수이다.
⑤ 을의 시험 점수 중 가장 낮은 성적을 받은 과목은 79점인 수학이다.

27 다음은 우리나라의 2000년 경지 면적 상위 5개 시·군에 대한 자료이다. 이에 대한 설명으로 옳지 않은 것은?

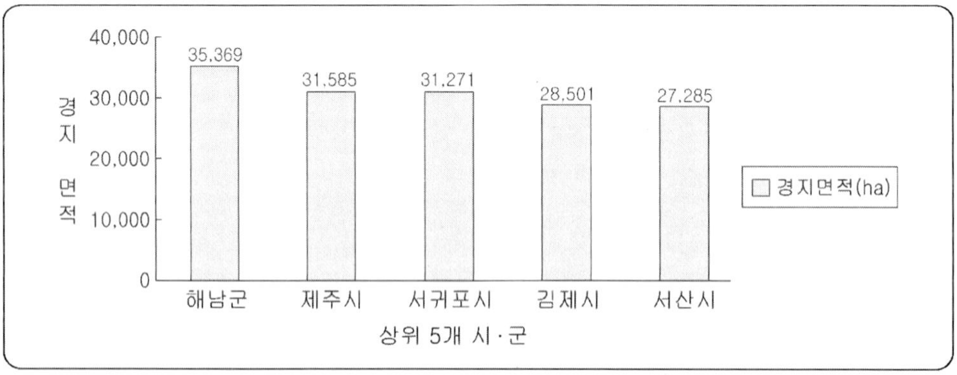

① 해남군의 경지 면적은 서산시 경지 면적의 1.2배 이상이다.
② 서귀포시의 경지 면적은 상위 3번째에 해당한다.
③ 김제시의 경지 면적은 제주시 경지 면적의 80% 미만이다.
④ 김제시와 서산시 경지 면적의 합은 해남군 경지 면적의 1.5배 이상이다.
⑤ 가장 적은 경지면적을 보유한 곳은 서산시이다.

Tip
① 약 1.3배 차이난다.
② 서귀포시의 경지 면적은 상위 3번째에 해당한다.
③ 김제시의 경지 면적은 제주시 경지 면적의 약 90%이다.
④ 김제시와 서산시 경지면적의 합이 55,786ha이므로 약 1.58배 차이난다.
⑤ 가장 적은 경지면적을 보유한 곳은 27,285ha의 서산시이다.

28 다음은 연도별 택배 물량에 대한 자료이다. 이에 대한 설명으로 옳지 않은 것은?

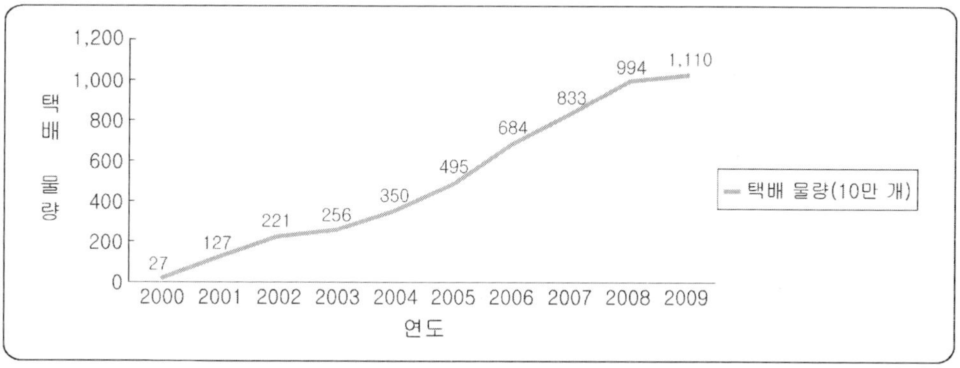

① 택배 물량은 매년 지속적으로 증가하고 있다.

② 2007년 대비 2008년의 택배 물량의 증가율은 15% 이상이다.

③ 2000년 대비 2009년의 택배 물량은 40배 이상 증가하였다.

④ 2009년에 택배 매출액이 가장 높다.

⑤ 2001년의 택배 물량은 전년도보다 증가하였다.

Tip

① 택배 물량은 매년 증가하고 있다.

② $\frac{994-833}{833}\times 100 \fallingdotseq 19\%$ 증가하였다.

③ 약 41배 차이 난다.

④ 제시된 자료만으로 매출액을 평가하기 어렵다.

⑤ 2001년의 택배 물량은 127(10만 개)이고, 전년도 물량은 27(10만 개)이다.

Answer 27.③ 28.④

▌29~30▐ 다음 자료는 2월 공항별 운항 및 수송현황에 관한 자료이다. 물음에 답하시오.

공항 \ 구분	운항편수(편)	여객수(천 명)	화물량(톤)
인천	20,818	3,076	249,076
김포	11,924	1,836	21,512
김해	6,406	(㉠)	10,279
제주	11,204	1,820	21,137
청주	(㉡)	108	1,582
광주	944	129	1,290
대구	771	121	1,413
전체	52,822	7,924	306,289

29 위의 자료에 대한 설명으로 옳지 않은 것은?

① 김포공항의 여객수와 제주항공의 여객수의 합은 인천공항의 여객수보다 많다.
② 김포공항의 화물량은 김해공항의 화물량의 2배 이상이다.
③ 인천공항의 화물량은 전체 화물량의 80% 이상을 차지한다.
④ ㉡에 들어갈 수는 655이다.
⑤ 전체 공항 중에 화물량이 가장 적은 곳은 광주공항이다.

Tip ㉡ : 52,822－20,818－11,924－6,406－11,204－944－771＝755

30 위의 자료에서 ㉠에 알맞은 수는?

① 830 ② 834
③ 838 ④ 842
⑤ 858

Tip ㉠ : 7,924－3,076－1,836－1,820－108－129－121＝834

Answer 29.④ 30.②

03 문제해결능력

1 문제와 문제해결

(1) 문제의 정의와 분류

① 정의 … 문제란 업무를 수행함에 있어서 답을 요구하는 질문이나 의논하여 해결해야 되는 사항이다.

② 문제의 분류

구분	창의적 문제	분석적 문제
문제제시 방법	현재 문제가 없더라도 보다 나은 방법을 찾기 위한 문제 탐구→문제 자체가 명확하지 않음	현재의 문제점이나 미래의 문제로 예견될 것에 대한 문제 탐구→문제 자체가 명확함
해결방법	창의력에 의한 많은 아이디어의 작성을 통해 해결	분석, 논리, 귀납과 같은 논리적 방법을 통해 해결
해답 수	해답의 수가 많으며, 많은 답 가운데 보다 나은 것을 선택	답의 수가 적으며 한정되어 있음
주요특징	주관적, 직관적, 감각적, 정성적, 개별적, 특수성	객관적, 논리적, 정량적, 이성적, 일반적, 공통성

(2) 업무수행과정에서 발생하는 문제 유형

① 발생형 문제(보이는 문제) … 현재 직면하여 해결하기 위해 고민하는 문제이다. 원인이 내재되어 있기 때문에 원인지향적인 문제라고도 한다.

㉠ 일탈문제 : 어떤 기준을 일탈함으로써 생기는 문제

㉡ 미달문제 : 어떤 기준에 미달하여 생기는 문제

② 탐색형 문제(찾는 문제) … 현재의 상황을 개선하거나 효율을 높이기 위한 문제이다. 방치할 경우 큰 손실이 따르거나 해결할 수 없는 문제로 나타나게 된다.

㉠ 잠재문제 : 문제가 잠재되어 있어 인식하지 못하다가 확대되어 해결이 어려운 문제

㉡ 예측문제 : 현재로는 문제가 없으나 현 상태의 진행 상황을 예측하여 찾아야 앞으로 일어날 수 있는 문제가 보이는 문제

㉢ 발견문제 : 현재로서는 담당 업무에 문제가 없으나 선진기업의 업무 방법 등 보다 좋은 제도나 기법을 발견하여 개선시킬 수 있는 문제

③ **설정형 문제(미래 문제)** … 장래의 경영전략을 생각하는 것으로 앞으로 어떻게 할 것인가 하는 문제이다. 문제해결에 창조적인 노력이 요구되어 창조적 문제라고도 한다.

예제 1

D회사 신입사원으로 입사한 귀하는 신입사원 교육에서 업무수행과정에서 발생하는 문제 유형 중 설정형 문제를 하나씩 찾아오라는 지시를 받았다. 이에 대해 귀하는 교육받은 내용을 다시 복습하려고 한다. 설정형 문제에 해당하는 것은?

① 현재 직면하여 해결하기 위해 고민하는 문제
② 현재의 상황을 개선하거나 효율을 높이기 위한 문제
③ 앞으로 어떻게 할 것인가 하는 문제
④ 원인이 내재되어 있는 원인지향적인 문제

[출제의도]
업무수행 중 문제가 발생하였을 때 문제 유형을 구분하는 능력을 측정하는 문항이다.
[해설]
업무수행과정에서 발생하는 문제 유형으로는 발생형 문제, 탐색형 문제, 설정형 문제가 있으며 ①④는 발생형 문제이며 ②는 탐색형 문제, ③이 설정형 문제이다.

답 ③

(3) 문제해결

① **정의** … 목표와 현상을 분석하고 이 결과를 토대로 과제를 도출하여 최적의 해결책을 찾아 실행 · 평가해 가는 활동이다.

② **문제해결에 필요한 기본적 사고**
㉠ **전략적 사고** : 문제와 해결방안이 상위 시스템과 어떻게 연결되어 있는지를 생각한다.
㉡ **분석적 사고** : 전체를 각각의 요소로 나누어 그 의미를 도출하고 우선순위를 부여하여 구체적인 문제해결방법을 실행한다.
㉢ **발상의 전환** : 인식의 틀을 전환하여 새로운 관점으로 바라보는 사고를 지향한다.
㉣ **내 · 외부자원의 활용** : 기술, 재료, 사람 등 필요한 자원을 효과적으로 활용한다.

③ **문제해결의 장애요소**
㉠ 문제를 철저하게 분석하지 않는 경우
㉡ 고정관념에 얽매이는 경우
㉢ 쉽게 떠오르는 단순한 정보에 의지하는 경우
㉣ 너무 많은 자료를 수집하려고 노력하는 경우

④ 문제해결방법

㉠ 소프트 어프로치 : 문제해결을 위해서 직접적인 표현보다는 무언가를 시사하거나 암시를 통하여 의사를 전달하여 문제해결을 도모하고자 한다.

㉡ 하드 어프로치 : 상이한 문화적 토양을 가지고 있는 구성원을 가정하고, 서로의 생각을 직설적으로 주장하고 논쟁이나 협상을 통해 서로의 의견을 조정해 가는 방법이다.

㉢ 퍼실리테이션(facilitation) : 촉진을 의미하며 어떤 그룹이나 집단이 의사결정을 잘 하도록 도와주는 일을 의미한다.

2 문제해결능력을 구성하는 하위능력

(1) 사고력

① 창의적 사고 … 개인이 가지고 있는 경험과 지식을 통해 새로운 가치 있는 아이디어를 산출하는 사고능력이다.

㉠ 창의적 사고의 특징

- 정보와 정보의 조합
- 사회나 개인에게 새로운 가치 창출
- 창조적인 가능성

예제 2

M사 홍보팀에서 근무하고 있는 귀하는 입사 5년차로 창의적인 기획안을 제출하기로 유명하다. S부장은 이번 신입사원 교육 때 귀하에게 창의적인 사고란 무엇인지 교육을 맡아달라고 부탁하였다. 창의적인 사고에 대한 귀하의 설명으로 옳지 않은 것은?

① 창의적인 사고는 새롭고 유용한 아이디어를 생산해 내는 정신적인 과정이다.
② 창의적인 사고는 특별한 사람들만이 할 수 있는 대단한 능력이다.
③ 창의적인 사고는 기존의 정보들을 특정한 요구조건에 맞거나 유용하도록 새롭게 조합시킨 것이다.
④ 창의적인 사고는 통상적인 것이 아니라 기발하거나, 신기하며 독창적인 것이다.

[출제의도]
창의적 사고에 대한 개념을 정확히 파악하고 있는지를 묻는 문항이다.

[해설]
흔히 사람들은 창의적인 사고에 대해 특별한 사람들만이 할 수 있는 대단한 능력이라고 생각하지만 그리 대단한 능력이 아니며 이미 알고 있는 경험과 지식을 해체하여 다시 새로운 정보로 결합하여 가치 있는 아이디어를 산출하는 사고라고 할 수 있다.

답 ②

㉡ 발산적 사고 : 창의적 사고를 위해 필요한 것으로 자유연상법, 강제연상법, 비교발상법 등을 통해 개발할 수 있다.

구분	내용
자유연상법	생각나는 대로 자유롭게 발상 ex) 브레인스토밍
강제연상법	각종 힌트에 강제적으로 연결 지어 발상 ex) 체크리스트
비교발상법	주제의 본질과 닮은 것을 힌트로 발상 ex) NM법, Synectics

Point 》 브레인스토밍

㉠ 진행방법

- 주제를 구체적이고 명확하게 정한다.
- 구성원의 얼굴을 볼 수 있는 좌석 배치와 큰 용지를 준비한다.
- 구성원들의 다양한 의견을 도출할 수 있는 사람을 리더로 선출한다.
- 구성원은 다양한 분야의 사람들로 5~8명 정도로 구성한다.
- 발언은 누구나 자유롭게 할 수 있도록 하며, 모든 발언 내용을 기록한다.
- 아이디어에 대한 평가는 비판해서는 안 된다.

㉡ 4대 원칙

- 비판엄금(Support) : 평가 단계 이전에 결코 비판이나 판단을 해서는 안 되며 평가는 나중까지 유보한다.
- 자유분방(Silly) : 무엇이든 자유롭게 말하고 이런 바보 같은 소리를 해서는 안 된다는 등의 생각은 하지 않아야 한다.
- 질보다 양(Speed) : 질에는 관계없이 가능한 많은 아이디어들을 생성해내도록 격려한다.
- 결합과 개선(Synergy) : 다른 사람의 아이디어에 자극되어 보다 좋은 생각이 떠오르고, 서로 조합하면 재미있는 아이디어가 될 것 같은 생각이 들면 즉시 조합시킨다.

② 논리적 사고 … 사고의 전개에 있어 전후의 관계가 일치하고 있는가를 살피고 아이디어를 평가하는 사고능력이다.

㉠ 논리적 사고를 위한 5가지 요소 : 생각하는 습관, 상대 논리의 구조화, 구체적인 생각, 타인에 대한 이해, 설득

㉡ 논리적 사고 개발 방법

- 피라미드 구조 : 하위의 사실이나 현상부터 사고하여 상위의 주장을 만들어가는 방법
- so what기법 : '그래서 무엇이지?'하고 자문자답하여 주어진 정보로부터 가치 있는 정보를 이끌어 내는 사고 기법

③ 비판적 사고 … 어떤 주제나 주장에 대해서 적극적으로 분석하고 종합하며 평가하는 능동적인 사고이다.

㉠ 비판적 사고 개발 태도 : 비판적 사고를 개발하기 위해서는 지적 호기심, 객관성, 개방성, 융통성, 지적 회의성, 지적 정직성, 체계성, 지속성, 결단성, 다른 관점에 대한 존중과 같은 태도가 요구된다.

㉡ 비판적 사고를 위한 태도

- 문제의식 : 비판적인 사고를 위해서 가장 먼저 필요한 것은 바로 문제의식이다. 자신이 지니고 있는 문제와 목적을 확실하고 정확하게 파악하는 것이 비판적인 사고의 시작이다.
- 고정관념 타파 : 지각의 폭을 넓히는 일은 정보에 대한 개방성을 가지고 편견을 갖지 않는 것으로 고정관념을 타파하는 일이 중요하다.

(2) 문제처리능력과 문제해결절차

① **문제처리능력** … 목표와 현상을 분석하고 이를 토대로 문제를 도출하여 최적의 해결책을 찾아 실행 · 평가하는 능력이다.

② **문제해결절차** … 문제 인식 → 문제 도출 → 원인 분석 → 해결안 개발 → 실행 및 평가

㉠ 문제 인식 : 문제해결과정 중 'waht'을 결정하는 단계로 환경 분석 → 주요 과제 도출 → 과제 선정의 절차를 통해 수행된다.

- 3C 분석 : 환경 분석 방법의 하나로 사업환경을 구성하고 있는 요소인 자사(Company), 경쟁사(Competitor), 고객(Customer)을 분석하는 것이다.

예제 3

L사에서 주력 상품으로 밀고 있는 TV의 판매 이익이 감소하고 있는 상황에서 귀하는 B부장으로부터 3C분석을 통해 해결방안을 강구해 오라는 지시를 받았다. 다음 중 3C에 해당하지 않는 것은?

① Customer ② Company
③ Competitor ④ Content

[출제의도]
3C의 개념과 구성요소를 정확히 숙지하고 있는지를 측정하는 문항이다.

[해설]
3C 분석에서 사업 환경을 구성하고 있는 요소인 자사(Company), 경쟁사(Competitor), 고객을 3C (Customer)라고 한다. 3C 분석에서 고객 분석에서는 '고객은 자사의 상품 · 서비스에 만족하고 있는지를, 자사 분석에서는 '자사가 세운 달성목표와 현상 간에 차이가 없는지를 경쟁사 분석에서는 '경쟁기업의 우수한 점과 자사의 현상과 차이가 없는지에 대한 질문을 통해서 환경을 분석하게 된다.

답 ④

• SWOT 분석 : 기업내부의 강점과 약점, 외부환경의 기회와 위협요인을 분석 · 평가하여 문제해결 방안을 개발하는 방법이다.

		내부환경요인	
		강점(Strengths)	약점(Weaknesses)
외부환경요인	기회 (Opportunities)	SO 내부강점과 외부기회 요인을 극대화	WO 외부기회를 이용하여 내부약점을 강점으로 전환
	위협 (Threat)	ST 외부위협을 최소화하기 위해 내부 강점을 극대화	WT 내부약점과 외부위협을 최소화

㉡ **문제 도출** : 선정된 문제를 분석하여 해결해야 할 것이 무엇인지를 명확히 하는 단계로, 문제 구조 파악→핵심 문제 선정 단계를 거쳐 수행된다.

• Logic Tree : 문제의 원인을 파고들거나 해결책을 구체화할 때 제한된 시간 안에서 넓이와 깊이를 추구하는데 도움이 되는 기술로 주요 과제를 나무모양으로 분해 · 정리하는 기술이다.

㉢ **원인 분석** : 문제 도출 후 파악된 핵심 문제에 대한 분석을 통해 근본 원인을 찾는 단계로 Issue 분석→Data 분석→원인 파악의 절차로 진행된다.

㉣ **해결안 개발** : 원인이 밝혀지면 이를 효과적으로 해결할 수 있는 다양한 해결안을 개발하고 최선의 해결안을 선택하는 것이 필요하다.

㉤ **실행 및 평가** : 해결안 개발을 통해 만들어진 실행계획을 실제 상황에 적용하는 활동으로 실행계획 수립→실행→Follow-up의 절차로 진행된다.

예제 4

C사는 최근 국내 매출이 지속적으로 하락하고 있어 사내 분위기가 심상치 않다. 이에 대해 Y부장은 이 문제를 극복하고자 문제처리 팀을 구성하여 해결방안을 모색하도록 지시하였다. 문제처리 팀의 문제해결 절차를 올바른 순서로 나열한 것은?

① 문제 인식→원인 분석→해결안 개발→문제 도출→실행 및 평가
② 문제 도출→문제 인식→해결안 개발→원인 분석→실행 및 평가
③ 문제 인식→원인 분석→문제 도출→해결안 개발→실행 및 평가
④ 문제 인식→문제 도출→원인 분석→해결안 개발 →실행 및 평가

[출제의도]
실제 업무 상황에서 문제가 일어났을 때 해결 절차를 알고 있는지를 측정하는 문항이다.
[해설]
일반적인 문제해결절차는 '문제 인식→문제 도출→원인 분석→해결안 개발 →실행 및 평가'로 이루어진다.

답 ④

03 출제예상문제

1 다음은 A은행의 '우수고객 인터넷 무보증 신용대출' 상품에 대한 설명이다. A은행의 PB고객인 명진이가 대출 받을 수 있는 금액이 아닌 것은?

> 우수고객 인터넷 무보증 신용대출
>
> 1. 상품특징
> A은행 PB고객 및 하나로 가족 고객을 위한 우수고객 전용 인터넷 대출
>
> 2. 대출대상
> A은행 PB고객 및 하나로 가족 고객(탑 클래스 고객, 골드 고객, 로얄 고객)
>
> 3. 대출한도
> - PB고객(로얄 프레스티지, 로얄 아너스, 로얄 스페셜) : 최대 6,000만 원 이내
> - 탑 클래스 고객 : 최대 6,000만 원 이내
> - 골드 고객 : 최대 3,000만 원 이내
> - 로얄 고객 : 최대 2,000만 원 이내
>
> ※ 대출가능금액 산출 시 A은행 및 타 금융기관의 대출금액(신용, 담보)을 모두 차감함
>
> 4. 상환방법
> 종합통장(마이너스 대출) : 1개월 이상 1년 이내(1년 단위로 연장 가능)
>
> 5. 담보 및 보증 여부
> 무보증 신용

① 6,500만 원 ② 5,500만 원
③ 4,500만 원 ④ 3,500만 원
⑤ 2,500만 원

Tip ① A은행의 PB고객은 최대 6,000만 원 이내로 대출이 가능하다.

Answer 1.①

2 다음은 버블정렬에 관한 설명과 예시이다. 보기에 있는 수를 버블 정렬을 이용하여 오름차순으로 성렬하려고 한다. 1회전의 결과는?

> 버블정렬은 인접한 두 숫자의 크기를 비교하여 교환하는 방식으로 정렬한다. 이때 인접한 두 숫자는 수열의 맨 앞부터 뒤로 이동하며 비교된다. 맨 마지막 숫자까지 비교가 이루어져 가장 큰 수가 맨 뒷자리로 이동하게 되면 한 회전이 끝난다. 다음 회전에는 맨 뒷자리로 이동한 수를 제외하고 같은 방식으로 비교 및 교환이 이루어진다. 더 이상 교환할 숫자가 없을 때 정렬이 완료된다. 교환은 두 개의 숫자가 서로 자리를 맞바꾸는 것을 말한다.
>
> 〈예시〉
>
> 30, 15, 40, 10을 정렬하려고 한다.
>
> • 1회전
> (30, 15), 40, 10 : 30〉15 이므로 교환
> 15, (30, 40), 10 : 40〉30 이므로 교환이 이루어지지 않음
> 15, 30, (40, 10) : 40〉10 이므로 교환
> 1회전의 결과 값 : 15, 30, 10, 40
>
> • 2회전 (40은 비교대상에서 제외)
> (15, 30), 10, 40 : 30〉15 이므로 교환이 이루어지지 않음
> 15, (30, 10), 40 : 30〉10 이므로 교환
> 2회전의 결과 값 : 15, 10, 30, 40
>
> • 3회전 (30, 40은 비교대상에서 제외)
> (15, 10), 30, 40 : 15〉10이므로 교환
> 3회전 결과 값 : 10, 15, 30, 40 →교환 완료

> 〈보기〉
>
> 9, 6, 7, 3, 5

① 6, 3, 5, 7, 9
② 3, 5, 6, 7, 9
③ 6, 7, 3, 5, 9
④ 9, 6, 7, 3, 5
⑤ 6, 7, 9, 5, 3

Tip 버블 정렬은 서로 이웃한 데이터들을 비교하여 가장 큰 데이터를 가장 뒤로 보내는 정렬이다.

㉠ 1회전

9↔6		7	3	5
6	9↔7		3	5
6	7	9↔3		5
6	7	3	9↔5	
6	7	3	5	9

㉡ 2회전

6	7↔3		5	9
6	3	7↔5		9
6	3	5	7	9

㉢ 3회전

6↔3		5	7	9
3	6↔5		7	9
3	5	6	7	9

Answer 2.③

▌3~6▐ 다음에 주어진 조건이 모두 참일 때 옳은 결론을 고르시오.

3

- ㉠, ㉡, ㉢, ㉣, ㉤이 의자가 6개 있는 원탁에서 토론을 한다.
- 어느 방향이든 ㉠과 ㉤ 사이에는 누군가가 앉는다.
- ㉣의 맞은편에는 누구도 앉아 있지 않다.
- ㉠과 ㉡은 서로 마주보고 앉는다.
- ㉢ 주변에는 자리가 빈 곳이 하나 있다.

A : ㉠과 ㉤ 사이에 있는 사람은 한 명이다.
B : ㉠과 ㉣은 서로 떨어져 있다.

① A만 옳다.
② B만 옳다.
③ A와 B 모두 옳다.
④ A와 B 모두 그르다.
⑤ A와 B 모두 옳은지 그른지 알 수 없다.

Tip 다음과 같은 배치로 생각할 수 있다.

㉠
㉣ ㉢
㉤ ×
㉡

4

- 민지, 영수, 경호 3명이 1층에서 엘리베이터를 탔다. 5층에서 한 번 멈추었다.
- 3명은 나란히 서 있었다.
- 5층에서 맨 오른쪽에 서 있던 영수가 내렸다.
- 민지는 맨 왼쪽에 있지 않다.

A : 5층에서 엘리베이터가 다시 올라갈 때 경호는 맨 오른쪽에 서 있게 된다.
B : 경호 바로 옆에는 항상 민지가 있었다.

① A만 옳다.
② B만 옳다.
③ A와 B 모두 옳다.
④ A와 B 모두 그르다.
⑤ A와 B 모두 옳은지 그른지 알 수 없다.

Tip 맨 오른쪽에 서 있던 것은 영수이고, 민지는 맨 왼쪽에 있지 않았으므로, 경호, 민지, 영수의 순으로 서 있었다는 것을 알 수 있다. 5층에서 영수가 내리고 엘리베이터가 다시 올라갈 때 경호는 맨 왼쪽에 서 있게 된다.

Answer → 3.① 4.②

5

- 갑, 을, 병, 정은 독일인, 일본인, 중국인, 한국인으로 국적이 모두 다르다.
- 갑은 일본인이다.
- 을은 한국인도 중국인도 아니다.
- 병은 독일인이거나 한국인이다.

A : 을은 독일인이다.
B : 정은 중국인이다.

① A만 옳다.
② B만 옳다.
③ A와 B 모두 옳다.
④ A와 B 모두 그르다.
⑤ A와 B 모두 옳은지 그른지 알 수 없다.

Tip 갑이 일본인이고, 을은 한국인도 중국인도 아니므로 을은 독일인이다.
을이 독일인이므로 병은 한국인이고, 자동으로 정은 중국인이 된다.

6

- 50명에게 영화, 퀴즈프로그램, 야구중계의 3가지에 대해서 조사했다.
- 영화를 본 사람은 20명이다.
- 퀴즈프로그램을 본 사람은 19명이다.
- 영화와 퀴즈프로그램을 본 사람은 8명이다.
- 퀴즈프로그램과 야구중계를 본 사람은 6명이다.
- 야구중계와 영화를 본 사람은 7명이다.
- 3가지 모두 본 사람은 없었지만 3가지 모두 보지 않은 사람은 12명이다.

A : 영화만 본 사람은 5명이다.
B : 야구중계를 본 사람은 20명이다.

① A만 옳다.
② B만 옳다.
③ A와 B 모두 옳다.
④ A와 B 모두 그르다.
⑤ A와 B 모두 옳은지 그른지 알 수 없다.

Tip
- 영화만 본 사람 : 20－7－8＝5(명)
- 퀴즈프로그램만 본 사람 : 19－8－6＝5(명)
- 야구중계를 본 사람 : 50－(12＋5＋5＋8)＝20(명)

7 甲 주식회사의 감사위원회는 9인으로 구성되어 있다. 다음에 제시된 법률 규정에서 밑줄 친 부분에 해당하지 않는 사람은?

> 감사위원회는 3인 이상의 이사로 구성한다. 다만 <u>다음 각 호에 해당하는 자</u>가 위원의 3분의 1을 넘을 수 없다.
> 1. 회사의 업무를 담당하는 이사 및 피용자(고용된 사람) 또는 선임된 날부터 2년 이내에 업무를 담당한 이사 및 피용자이었던 자
> 2. 최대 주주가 자연인인 경우 본인, 배우자 및 직계존 · 비속
> 3. 최대 주주가 법인인 경우 그 법인의 이사, 감사 및 피용자
> 4. 이사의 배우자 및 직계존 · 비속
> 5. 회사의 모회사 또는 자회사의 이사, 감사 및 피용자
> 6. 회사와 거래관계 등 중요한 이해관계에 있는 법인의 이사, 감사 및 피용자
> 7. 회사의 이사 및 피용자가 이사로 있는 다른 회사의 이사, 감사 및 피용자

① 甲 주식회사 최대 주주 A의 법률상의 배우자

② 甲 주식회사와 하청계약을 맺고 있는 乙 주식회사의 감사 B

③ 甲 주식회사 이사 C의 자녀

④ 甲 주식회사 자재부장 D가 이사로 있는 丙 주식회사의 총무과장 E

⑤ 甲 주식회사의 모회사인 丁 주식회사의 최대 주주 F

Tip
① 2호 : 최대 주주가 자연인인 경우 본인, 배우자 및 직계존 · 비속
② 6호 : 회사와 거래관계 등 중요한 이해관계에 있는 법인의 이사, 감사 및 피용자
③ 4호 : 이사의 배우자 및 직계존 · 비속
④ 7호 : 회사의 이사 및 피용자가 이사로 있는 다른 회사의 이사, 감사 및 피용자

Answer 5.③ 6.③ 7.⑤

8 다음은 A단체에서 지원하는 〈귀농인 주택시설 개선사업 개요〉와 〈심사 기초 자료〉이다. 이를 근거로 판단할 때, 지원 대상 가구만을 모두 고르면?

〈귀농인 주택시설 개선사업 개요〉

① 사업목적 : 귀농인의 안정적인 정착을 도모하기 위해 일정 기준을 충족하는 귀농가구의 주택 개·보수 비용을 지원

② 신청자격 : 귀농가구 중 거주기간이 신청마감일(2014. 4. 30.) 현재 전입일부터 6개월 이상이고, 가구주의 연령이 20세 이상 60세 이하인 가구

③ 심사기준 및 점수 산정방식

㉠ 신청마감일 기준으로 다음 심사기준별 점수를 합산한다.

㉡ 심사기준별 점수

- 거주기간 : 10점(3년 이상), 8점(2년 이상 3년 미만), 6점(1년 이상 2년 미만), 4점(6개월 이상 1년 미만)
  ※ 거주기간은 전입일부터 기산한다.
- 가족 수 : 10점(4명 이상), 8점(3명), 6점(2명), 4점(1명)
  ※ 가족 수에는 가구주가 포함된 것으로 본다.
- 영농규모 : 10점(1.0ha 이상), 8점(0.5ha 이상 1.0ha 미만), 6점(0.3ha 이상 0.5ha 미만), 4점(0.3ha 미만)
- 주택노후도 : 10점(20년 이상), 8점(15년 이상 20년 미만), 6점(10년 이상 15년 미만), 4점(5년 이상 10년 미만)
- 사업시급성 : 10점(매우 시급), 7점(시급), 4점(보통)

④ 지원내용

㉠ 예산액 : 5,000,000원

㉡ 지원액 : 가구당 2,500,000원

㉢ 지원대상 : 심사기준별 점수의 총점이 높은 순으로 2가구. 총점이 동점일 경우 가구주의 연령이 높은 가구를 지원. 단, 하나의 읍·면당 1가구만 지원 가능

〈심사 기초 자료(2014. 4. 30. 현재)〉

귀농 가구	가구주 연령 (세)	주소지 (읍·면)	전입일	가족 수 (명)	영농 규모 (ha)	주택 노후도 (년)	사업 시급성
甲	49	A	2010. 12. 30	1	0.2	17	매우 시급
乙	48	B	2013. 5. 30	3	1.0	13	매우 시급
丙	56	B	2012. 7. 30	2	0.6	23	매우 시급
丁	60	C	2013. 12. 30	4	0.4	13	시급
戊	33	D	2011. 9. 30	2	1.2	19	보통

① 甲, 乙 ② 甲, 丙

③ 乙, 丙 ④ 乙, 丁

⑤ 丙, 戊

Tip 甲~戊의 심사기준별 점수를 산정하면 다음과 같다.

	거주기간	가족 수	영농 규모	주택 노후도	사업 시급성	총점
甲	10	4	4	8	10	36
乙	4	8	10	6	10	38
丙	6	6	8	10	10	40
丁	신청마감일 현재 전입일부터 6개월 이상의 신청자격 미달					
戊	8	6	10	8	4	36

따라서 상위 2가구는 丙과 乙이 되는데, 2가구의 주소지가 B읍·면으로 동일하므로 총점이 더 높은 丙을 지원하고, 나머지 1가구는 甲, 戊의 총점이 동점이므로 가구주의 연령이 더 높은 甲을 지원하게 된다.

Answer 8.②

9 다음 글과 〈법조문〉을 근거로 판단할 때, 甲이 乙에게 2,000만 원을 1년간 빌려주면서 선이자로 800만 원을 공제하고 1,200만 원만을 준 경우, 乙이 갚기로 한 날짜에 甲에게 전부 변제하여야 할 금액은?

> 돈이나 물품 등을 빌려 쓴 사람이 돈이나 같은 종류의 물품을 같은 양만큼 갚기로 하는 계약을 소비대차라 한다. 소비대차는 이자를 지불하기로 약정할 수 있고, 그 이자는 일정한 이율에 의하여 계산한다. 이런 이자는 돈을 빌려주면서 먼저 공제할 수도 있는데, 이를 선이자라 한다. 한편 약정 이자의 상한에는 법률상의 제한이 있다.

〈법조문〉

제72조

① 금전소비대차에 관한 계약상의 최고이자율은 연 30%로 한다.

② 계약상의 이자로서 제1항에서 정한 최고이자율을 초과하는 부분은 무효로 한다.

③ 약정금액(당초 빌려주기로 한 금액)에서 선이자를 사전공제한 경우, 그 공제액이 '채무자가 실제 수령한 금액'을 기준으로 하여 제1항에서 정한 최고이자율에 따라 계산한 금액을 초과하면 그 초과부분은 약정금액의 일부를 변제한 것으로 본다.

① 760만 원
② 1,000만 원
③ 1,560만 원
④ 1,640만 원
⑤ 1,800만 원

Tip 채무자인 乙이 실제 수령한 금액인 1,200만 원을 기준으로 최고연이자율 연 30%를 계산하면 360만 원이다. 그런데 선이자 800만 원을 공제하였으므로 360만 원을 초과하는 440만 원은 무효이며, 약정금액 2,000만 원의 일부를 변제한 것으로 본다. 따라서 1년 후 乙이 갚기로 한 날짜에 甲에게 전부 변제하여야 할 금액은 2,000−440=1,560만 원이다.

10 다음 표는 어떤 렌터카 회사에서 제시한 차종별 자동차 대여료이다. C동아리 학생 10명이 차량을 대여하여 9박 10일간의 전국일주를 계획하고 있다. 다음 중 가장 경제적인 차량 임대 방법을 고르면?

구분	대여 기간별 1일 요금			대여 시간별 요금	
	1~2일	3~6일	7일 이상	6시간	12시간
소형(4인승)	75,000	68,000	60,000	34,000	49,000
중형(5인승)	105,000	95,000	84,000	48,000	69,000
대형(8인승)	182,000	164,000	146,000	82,000	119,000
SUV(7인승)	152,000	137,000	122,000	69,000	99,000
승합(15인승)	165,000	149,000	132,000	75,000	108,000

① 승합차 1대를 대여한다.
② 소형차 3대를 대여한다.
③ 중형차 2대를 대여한다.
④ 소형차 1대와 SUV 1대를 대여한다.
⑤ 중형차 1대와 대형차 1대를 대여한다.

Tip 하루 대여 비용을 계산해보면 다음과 같다. 따라서 가장 경제적인 차량 임대 방법은 승합 차량 1대를 대여하는 것이다.
① 132,000원
② 60,000×3=180,000원
③ 84,000×2=168,000원
④ 60,000+122,000=182,000원
⑤ 84,000+146,000=230,000원

Answer 9.③ 10.①

11 다음은 빔 프로젝터의 A/S 규정을 정리한 것이다. 〈보기〉의 고객이 요청한 수리비용은 얼마인가?

• A/S 관련 규정
- 무상수리기간은 제품 구입 후 1년입니다.
- 제품의 볼트 구멍에 붙은 QC 스티커를 제거하시면 무상수리기간 이내라 하더라도 무상수리가 불가능합니다.
- 간단한 접촉 불량 등의 수리는 국내에서 가능하나 주요 부품의 교체를 요하는 수리는 제품을 중국으로 보내고 다시 받아야 하므로 기간이 오래 소요될 수 있습니다.(10일~20일 예상)
- 사용자의 과실이나 부주의로 인한 고장 또는 파손의 경우에는 수리대상에서 제외됩니다. (파손, 침수, 불법 프로그램 설치 등)
- LCD나 보드 관련 A/S 사항은 중국 내 별도의 A/S센터에서, 전원 및 그 외 이상 증상의 경우 제조공장에서 조치됩니다.

• 유상수리비용 안내
- LCD 화면 이상 : 50,000원
- 전원 불량 : 30,000원
- 보드 불량 : 40,000원
- 기타 불량의 경우 별도의 비용이 부과됩니다.

※ 유상수리 시 교체하고 남은 불량부품은 되돌려드리지 않습니다.

• 고객부담 배송비

<table>
<tr><th>출발지</th><th>도착지</th><th>비용</th><th>비고</th></tr>
<tr><td>국내물류센터</td><td>중국물류센터</td><td>20,000원</td><td rowspan="3">국내 배송 왕복 택배비 부료</td></tr>
<tr><td rowspan="2">중국물류센터</td><td>제조공장</td><td>10,000원</td></tr>
<tr><td>A/S 센터</td><td>5,000원</td></tr>
</table>

〈보기〉

안녕하세요? 저는 UC-40을 사용 중입니다. 얼마 전 회의실에서 사용하던 도중 화면이 이상하게 나와 재부팅을 해도 기계가 제대로 화면을 출력하지 못하는 것 같습니다. 해당 제품을 구입한지는 2년 정도 되었고, 화면에 문제가 있는 경우 수리비용은 얼마가 나올까요?

① 30,000원　　② 35,000원
③ 40,000원　　④ 45,000원
⑤ 50,000원

Tip　LCD 화면 이상으로 수리할 경우 50,000원이 부과된다.

12 다음은 '외국인우대통장' 상품설명서 중 거래조건에 대한 내용이다. 우대조건을 충족시키지 못한 사람은 누구인가?

〈거래조건〉

<table>
<tr><th>구분</th><th>내용</th></tr>
<tr><td>가입자격</td><td>외국인(1인 1계좌)</td></tr>
<tr><td>대상예금</td><td>저축예금</td></tr>
<tr><td>적용금리(세전)</td><td>연 0.1%</td></tr>
<tr><td>이자지급방식</td><td>해당 예금의 결산일 익일에 지급</td></tr>
<tr><td>우대서비스</td><td>전월말 기준 우대조건 2가지 이상을 충족하는 고객을 대상으로 이번 달 11일부터 다음 달 10일까지 면제(이 통장으로 거래 시) 및 우대
• 신규 및 전환일로부터 다음 다음 달 10일까지 조건 없이 우대내용 ①, ② 면제
<table>
<tr><th>우대조건</th><th>우대내용</th></tr>
<tr><td>① 이 통장에 월 50만 원 이상 급여이체 실적이 있는 경우
② 이 통장의 월 평균 잔액이 50만 원 이상인 경우
③ 건당 미화 500불 상당액 이상의 외화송금 또는 건당 미화 500불 상당액 이상의 환전 실적이 있는 경우
④ 당행을 외국환지정은행으로 등록한 경우
⑤ 외국인우대적금 전월 납입 실적이 있는 경우</td><td>① 당행 인터넷(스마트)·텔레·모바일뱅킹 타행 이체 수수료 면제
② 당행 CD/ATM기 당행 이체 및 출금수수료 면제
③ 해외송금수수료 60% 우대
④ 외화현찰환전환율수수료 50% 우대</td></tr>
</table>
• 우대내용 ①, ②는 이 통장 거래 시 월 20회(합산) 이내에서 면제
• 우대내용 ③, ④는 이 통장 실명확인번호로 창구거래 시에만 횟수 제한 없이 면제</td></tr>
<tr><td>계약해지</td><td>영업점에서 해지 가능</td></tr>
</table>

Answer 11.⑤

① 외국인우대통장에 월 30만 원의 급여이체 실적이 있는 외국인 A씨
② 외국인우대통장의 월 평균 잔액이 65만 원인 외국인 B씨
③ 건당 미화 700불의 외화송금 실적이 있는 외국인 C씨
④ 해당은행을 외국환지정은행으로 등록한 외국인 D씨
⑤ 외국인우대적금 전월 납입 실적이 있는 외국인 E씨

Tip ① 외국인우대통장에 월 50만 원 이상의 급여이체 실적이 있는 경우 우대조건을 충족하게 된다.

▌13~14▌ 다음은 상품설명서 중 일부이다. 물음에 답하시오.

〈거래조건〉

<table>
<tr><th>구분</th><th>내용</th></tr>
<tr><td>가입자격</td><td>신규 임관 군 간부(장교, 부사관, 군의관, 법무관, 공중보건의 등)
※ 신규 임관 기준 : 군 신분증의 임관일로부터 익년도말까지</td></tr>
<tr><td>예금종류</td><td>자유로우대적금</td></tr>
<tr><td>가입기간</td><td>12개월 이상 24개월 이내(월 단위)</td></tr>
<tr><td>적립방식</td><td>자유적립식</td></tr>
<tr><td>가입금액</td><td>초입금 및 매회 입금 1만 원 이상, 1인당 월 20만 원 이내 자유적립</td></tr>
<tr><td>기본금리
(연 %, 세전)</td><td>자유로우대적금 가입기간별 금리에 따름</td></tr>
<tr><td>우대금리
(%p. 세전)</td><td>아래 우대조건을 만족하는 경우 가입일 현재 기본금리에 가산하여 만기해지 시 적용
<table>
<tr><th>세부조건</th><th>우대금리</th></tr>
<tr><td>이 적금 가입기간 중 만기 전월까지 "6개월 이상" A은행에 급여이체 시</td><td>0.2</td></tr>
<tr><td>가입월부터 만기 전월까지 기간 중 A은행 카드(개인 신용·체크) 월 평균 20만 원 이상 이용 시</td><td>0.2</td></tr>
<tr><td>만기일 전월말 기준으로 A은행의 주택청약종합저축(청약저축 포함) 가입 시</td><td>0.2</td></tr>
</table></td></tr>
</table>

13 다음은 상품설명서의 일부이다. 다음 중 위 상품의 우대금리를 받을 수 있는 사람은?

① 적금 가입기간 중 만기 전월까지 5개월 동안 A은행에 급여이체를 한 민수
② 가입월부터 만기 전월까지의 기간 중 A은행 카드로 월 평균 15만 원을 이용한 진성
③ 적금 만기 후 A은행의 주택청약종합저축에 가입한 대원
④ 가입월부터 만기 전월까지의 기간 중 A은행 카드로 월 평균 10만 원을 이용한 준형
⑤ 적금 가입기간 중 만기 전월까지 7개월 동안 A은행에 급여이체를 한 경준

Tip ⑤ 적금 가입기간 중 만기 전월까지 "6개월 이상" A은행에 급여이체 시 우대금리를 받을 수 있다.

14 다음 중 위 적금에 가입할 수 없는 사람은?

① 육군 장교로 임관한 권 소위
② 공군에 입대한 전 이병
③ 군의관으로 임관한 빈 소위
④ 해병대 부사관으로 임관한 송 하사
⑤ 법무관으로 임관한 장 소위

Tip ② 해당 상품은 신규 임관 군 간부만이 가입할 수 있는 상품으로 일반 사병으로 입대한 전 이병은 가입할 수 없다.

Answer 12.① 13.⑤ 14.②

▌15~16▐ 표준 업무시간이 80시간인 업무를 각 부서에 할당해 본 결과, 다음과 같은 표를 얻었다. 물음에 답하시오.

부서명	투입인원(명)	개인별 업무시간(시간)	회의	
			횟수(회)	소요시간(시간/회)
A	2	41	3	1
B	3	30	2	2
C	4	22	1	4

※ 업무 효율 $= \frac{\text{표준 업무시간}}{\text{총투입시간}}$

※ 총 투입시간은 개인별 투입시간의 합임.

※ 개인별 투입시간=개인별 업무시간+회의 소요시간.

※ 부서원은 업무를 분담하여 동시에 수행할 수 있음.

※ 투입된 인원의 업무능력과 인원당 소요시간이 동일하다고 가정함.

15 다음 중 각 부서의 개인별 투입시간으로 옳은 것은?

① A 부서 : 26시간
② A 부서 : 28시간
③ B 부서 : 31시간
④ B 부서 : 34시간
⑤ C 부서 : 44시간

Tip ㉠ 개인별 투입시간=개인별 업무시간+회의 소요시간
㉡ 회의 소요시간=횟수×소요시간
- A부서의 개인별 투입시간=41+(3×1)=44시간
- B부서의 개인별 투입시간=30+(2×2)=34시간
- C부서의 개인별 투입시간=22+(1×4)=26시간

16 어느 부서의 업무효율이 가장 높은가?

① A
② B
③ C
④ A, B
⑤ B, C

Tip ㉠ 총 투입시간이 적을수록 업무효율이 높다.
㉡ 총 투입시간=투입인원×개인별 투입시간
- A부서의 총 투입시간=2×44=88시간
- B부서의 총 투입시간=3×34=102시간
- C부서의 총 투입시간=4×26=104시간

17 다음은 새로 출시된 스마트통장에 관한 설명이다. 이 통장에 가입할 수 없는 사람은?

〈스마트통장〉

1. 상품특징
   만 14세~33세 대학생 등 젊은 고객을 대상으로 우대서비스를 제공하는 요구불 상품

2. 가입대상
   만 14세~33세 개인(1인 1통장)

3. 가입기간
   제한 없음

4. 금리안내
   기본금리 연 1.5%(일별잔액 100만 원 한도, 100만 원 초과시 0.1%)

5. 우대금리
   - 당행 최초 거래 고객 : 연 0.5%p(일별 잔액 100만 원 이하)
   - 우대금리 적용요건

   -A은행 글로벌체크카드 또는 스마티신용카드 가입고객이 본 상품을 결제계좌로 사용하는 경우로서 요건에 해당하는 경우

   -스마트통장 가입일이 A은행에 고객정보 최초 등록일과 동일한 경우

① 고등학교에 갓 입학한 만 17세 영재
② 직장에 다니는 만 35세 종엽
③ 갓 대학교에 입학한 만 20세 재영
④ 회사에 취직한 만 27세 희진
⑤ 대학을 막 졸업한 만 24세 하나

Tip ② 해당 상품은 만 14세~33세 개인만이 가입할 수 있는 상품으로 만 35세인 종엽이는 가입할 수 없다.

Answer 15.④ 16.① 17.②

18 다음은 무농약농산물과 저농약농산물 인증기준에 대한 자료이다. 자신이 신청한 인증을 받을 수 있는 사람을 모두 고르면?

무농약농산물과 저농약농산물의 재배방법은 각각 다음과 같다.

1) 무농약농산물의 경우 농약을 사용하지 않고, 화학비료는 권장량의 2분의 1 이하로 사용하여 재배한다.

2) 저농약농산물의 경우 화학비료는 권장량의 2분의 1 이하로 사용하고, 농약은 살포시기를 지켜 살포 최대횟수의 2분의 1 이하로 사용하여 재배한다.

〈농산물별 관련 기준〉

종류	재배기간 내 화학비료 권장량(kg/ha)	재배기간 내 농약살포 최대횟수	농약 살포시기
사과	100	4	수확 30일 전까지
감	120	4	수확 14일 전까지
복숭아	50	5	수확 14일 전까지

※ 1ha=10,000㎡, 1t=1,000kg

- 甲 : 5km^2의 면적에서 재배기간 동안 농약을 전혀 사용하지 않고 20t의 화학비료를 사용하여 사과를 재배하였으며, 이 사과를 수확하여 무농약농산물 인증신청을 하였다.
- 乙 : 3ha의 면적에서 재배기간 동안 농약을 1회 살포하고 50kg의 화학비료를 사용하여 복숭아를 재배하였다. 하지만 수확시기가 다가오면서 병충해 피해가 나타나자 농약을 추가로 1회 살포하였고, 열흘 뒤 수확하여 저농약농산물 인증신청을 하였다.
- 丙 : 가로와 세로가 각각 100m, 500m인 과수원에서 감을 재배하였다. 재배기간 동안 총 2회(올해 4월 말과 8월 초) 화학비료 100kg씩을 뿌리면서 병충해 방지를 위해 농약도 함께 살포하였다. 추석을 맞아 9월 말에 감을 수확하여 저농약농산물 인증신청을 하였다.

① 甲
② 甲, 乙
③ 甲, 丙
④ 乙, 丙
⑤ 甲, 乙, 丙

Tip

- 甲 : 5㎢는 500ha이므로 사과를 수확하여 무농약농산물 인증신청을 하려면 농약을 사용하지 않고, 화학비료는 50,000kg(=50t)의 2분의 1 이하로 사용하여 재배해야 한다. 사용된 화학비료는 20t(20,000kg)이고, 농약을 사용하지 않았으므로 무농약농산물 인증을 받을 수 있다.
- 乙 : 복숭아의 농약 살포시기는 수확 14일 전까지이다. 저농약농산물 인증신청을 위한 살포시기를 지키지 못 하였으므로 인증을 받을 수 없다.
- 丙 : 5ha(100m×500m)에서 감을 수확하여 저농약농산물 인증신청을 하려면 화학비료는 600kg의 2분의 1 이하로 사용하고, 농약은 살포시기를 지켜(수확 14일 전까지) 살포 최대횟수인 4회의 2분의 1 이하로 사용하여 재배해야한다. 사용된 화학비료는 100kg이고, 총 2회 살포하였으므로 저농약농산물 인증을 받을 수 있다.

Answer ▸ 18.③

19 신입사원 A는 상사로부터 아직까지 '올해의 농업인 상'투표에 참여하지 않은 사원들에게 투표 참여 안내 문자를 발송하라는 지시를 받았다. 다음에 제시된 내용을 바탕으로 할 때, A가 문자를 보내야하는 사원은 몇 명인가?

'올해의 농업인 상' 후보에 총 5명(甲~戊)이 올랐다. 수상자는 120명의 신입사원 투표에 의해 결정되며 투표규칙은 다음과 같다.

- 투표권자는 한 명당 한 장의 투표용지를 받고, 그 투표용지에 1순위와 2순위 각 한 명의 후보자를 적어야 한다.
- 투표권자는 1순위와 2순위로 동일한 후보자를 적을 수 없다.
- 투표용지에 1순위로 적힌 후보자에게는 5점이, 2순위로 적힌 후보자에게는 3점이 부여된다.
- '올해의 농업인 상'은 개표 완료 후, 총 점수가 가장 높은 후보자가 수상하게 된다.
- 기권표와 무효표는 없다.

현재 투표까지 중간집계 점수는 다음과 같다.

후보자	중간집계 점수
甲	360
乙	15
丙	170
丁	70
戊	25

① 50명
② 45명
③ 40명
④ 35명
⑤ 30명

Tip 1명의 투표권자가 후보자에게 줄 수 있는 점수는 1순위 5점, 2순위 3점으로 총 8점이다. 현재 투표까지 중간집계 점수가 640이므로 80명이 투표에 참여하였으며, 아직 투표에 참여하지 않은 사원은 120－80＝40명이다. 따라서 신입사원 A는 40명의 사원에게 문자를 보내야 한다.

20 갑, 을, 병 세 사람이 정이 새로 구입한 스마트폰의 색상에 대해 자신들의 의견을 다음과 같이 이야기하고 있다. 한 사람만 거짓말을 하고 있다면 정이 산 스마트폰의 색상으로 옳은 것은?

> ㉠ 갑 : 금색은 아니야.
> ㉡ 을 : 검은색이나 흰색 중 하나일거야.
> ㉢ 병 : 아니야, 분명이 검은색이야.

① 금색 ② 흰색
③ 검은색 ④ 은색
⑤ 남색

Tip ㉠ 정의 핸드폰이 금색이면 을, 병 모두 거짓이다.
㉡ 정의 핸드폰이 검은색이라면 갑, 을, 병 모두 참이다.
㉢ 정의 핸드폰이 흰색이라면 갑, 을은 참이고 병은 거짓이다.
한 사람만 거짓말을 했으므로 정의 핸드폰은 흰색이 된다.

21 다음에 제시된 전제에 따라 결론을 바르게 추론한 것은?

> • 비오는 날을 좋아하는 사람은 감성적이다.
> • 녹차를 좋아하는 사람은 커피를 좋아하지 않는다.
> • 감성적인 사람은 커피를 좋아한다.
> • 그러므로 ______________________

① 커피를 좋아하는 사람은 비오는 날을 좋아한다.
② 비오는 날을 좋아하는 사람은 커피를 좋아한다.
③ 감성적인 사람은 비오는 날을 좋아한다.
④ 녹차를 좋아하는 사람은 이성적일 것이다.
⑤ 비를 좋아하는 사람은 감성적일 것이다.

Tip 비오는 날을 좋아하는 사람→감성적인 사람→커피를 좋아하는 사람

Answer 19.③ 20.② 21.②

22 인사부에서 근무하는 H씨는 다음 〈상황〉과 〈조건〉에 근거하여 부서 배정을 하려고 한다. 〈상황〉과 〈조건〉을 모두 만족하는 부서 배정은 어느 것인가?

〈상황〉

총무부, 영업부, 홍보부에는 각각 3명, 2명, 4명의 인원을 배정하여야 한다. 이번에 선발한 인원으로는 5급이 A, B, C가 있으며, 6급이 D, E, F가 있고 7급이 G, H, I가 있다.

〈조건〉

조건1 : 총무부에는 5급이 2명 배정되어야 한다.
조건2 : B와 C는 서로 다른 부서에 배정되어야 한다.
조건3 : 홍보부에는 7급이 2명 배정되어야 한다.
조건4 : A와 I는 같은 부서에 배정되어야 한다.

	총무부	영업부	홍보부
①	A, C, I	D, E	B, F, G, H
②	A, B, E	D, G	C, F, H, I
③	A, B, I	C, D, G	E, F, H
④	B, C, H	D, E	A, F, G, I
⑤	B, D, F	A, C	E, G, H, I

Tip
② A와 I가 같은 부서에 배정되어야 한다는 조건4를 만족하지 못한다.
③ 홍보부에 4명이 배정되어야 한다는 〈상황〉에 부합하지 못한다.
④ B와 C가 서로 다른 부서에 배정되어야 한다는 조건2를 만족하지 못한다.
⑤ 총무부에는 5급이 2명 배정되어야 한다는 조건1을 만족하지 못한다.

23 다음은 공공기관을 구분하는 기준이다. 다음 규정에 따라 각 기관을 구분한 결과가 옳지 않은 것은?

〈공공기관의 구분〉

제00조 제1항

공공기관을 공기업·준정부기관과 기타공공기관으로 구분하여 지정한다. 직원 정원이 50인 이상인 공공기관은 공기업 또는 준정부기관으로, 그 외에는 기타공공기관으로 지정한다.

제00조 제2항

제1항의 규정에 따라 공기업과 준정부기관을 지정하는 경우 자체수입액이 총수입액의 2분의 1 이상인 기관은 공기업으로, 그 외에는 준정부기관으로 지정한다.

제00조 제3항

제1항 및 제2항의 규정에 따른 공기업을 다음의 구분에 따라 세분하여 지정한다.

- 시장형 공기업 : 자산규모가 2조 원 이상이고, 총 수입액 중 자체수입액이 100분의 85 이상인 공기업
- 준시장형 공기업 : 시장형 공기업이 아닌 공기업

〈공공기관의 현황〉

공공기관	직원 정원	자산규모	자체수입비율
A	70명	4조 원	90%
B	45명	2조 원	50%
C	65명	1조 원	55%
D	60명	1.5조 원	45%

※ 자체수입비율 : 총 수입액 대비 자체수입액 비율

① A – 시장형 공기업
② B – 기타공공기관
③ C – 준정부기관
④ D – 준정부기관
⑤ D – 준시장형 공기업

Tip ③ C는 정원이 50명이 넘으므로 기타공공기관이 아니며, 자체수입비율이 55%이므로 자체수입액이 총수입액의 2분의 1 이상이기 때문에 공기업이다. 시장형 공기업 조건에 해당하지 않으므로 C는 준시장형 공기업이다.

Answer 22.① 23.③

▌24~26▐ 입사면접의 면접관으로 뽑힌 6명(A, B, C, D, E, F)의 임원들이 세 명씩 두 개의 조로 나뉘어 면접에 참여하려 한다. 다음에 주어진 조건을 읽고 물음에 답하시오.

- A와 C는 같은 조에 속할 수 없다.
- B가 속한 조에는 A가 반드시 속해야 하고, F는 함께 할 수 없다.
- 모든 면접관들은 두 개의 조 중 한 조에만 들어갈 수 있다.

24 다음 중 같은 조에 들어갈 수 없는 면접관들을 고르면?

① A, D ② B, C
③ C, E ④ C, F
⑤ D, E

Tip ② A와 B는 한 조가 되고, C와 F는 한 조가 된다. D와 E는 어느 조에 들어가는 지 알 수 없다. 따라서 같은 조에 들어갈 수 없는 면접관은 B와 C이다.

25 다음 중 같은 조에 들어갈 수 있는 면접관들이 아닌 것은?

① A, B, D ② C, E, F
③ B, E, F ④ C, D, F
⑤ A, B, E

Tip ③ B가 속한 조에 F는 함께 할 수 없다.

26 A와 E가 같은 조에 속하는 경우 무조건 같은 팀이 되는 면접관들을 고르면?

① B, D ② A, D
③ D, E ④ C, D
⑤ B, F

Tip A, E가 같은 조에 속하는 경우 A, B, E가 한 조가 되고, C, D, F가 한 조가 된다.

27 다음의 내용을 토대로 발생할 수 있는 상황을 바르게 예측한 것은?

> 인기가수 A는 자신의 사생활을 폭로한 한 신문사 기자 B를 상대로 기사 정정 및 사과를 요구하였다. 그러나 B는 자신은 시민의 알 권리를 보장하기 위해 할 일을 한 것뿐이라며 기사를 정정할 수 없다고 주장하였다. A는 자신을 원고로, B를 피고로 하여 사생활 침해에 대한 위자료 1,000만 원을 구하는 소를 제기하였다. 민사 1심 법원은 기사 내용에 대한 진위 여부를 바탕으로 B의 주장이 옳다고 인정하여, A의 청구를 기각하는 판결을 선고하였다. 이에 대해 A는 항소를 제기하였다.
>
> • 소 또는 상소 제기 시 납부해야 할 송달료
> – 민사 제1심 소액사건(소가 2,000만 원 이하의 사건) : 당사자 수 × 송달료 10회분
> – 민사 제1심 소액사건 이외의 사건 : 당사자 수 × 송달료 15회분
> – 민사 항소사건 : 당사자 수 × 송달료 12회분
> – 민사 상고사건 : 당사자 수 × 송달료 8회분
>
> • 당사자 : 원고, 피고

① A가 제기한 소는 민사 제1심 소액사건 이외의 사건에 해당한다.

② 1회 송달료가 3,200원일 경우 A가 소를 제기하기 위해 내야 할 송달료는 48,000원이다.

③ A가 법원의 판결에 불복하고 항소를 제기하는데 드는 송달료는 원래의 소를 제기할 때 들어간 송달료보다 적다.

④ 1회 송달료가 2,500원일 경우 A가 납부한 송달료의 합계는 총 110,000원이다.

⑤ 민사 항소사건의 경우 송달료는 10회분을 납부해야 한다.

Tip

④ 1회 송달료가 2,500원일 경우 A가 납부한 송달료의 합계는 처음의 소를 제기할 때 들어간 송달료 50,000원에 항소를 제기하기 위해 들어간 송달료 60,000원을 더한 110,000원이 된다.

① A가 제기한 소는 소가 2,000만 원 이하의 사건이므로 제1심 소액사건에 해당한다.

② 1회 송달료가 3,200원일 경우 A가 소를 제기하기 위해 내야할 송달료는 당사자 수 × 송달료 10회분이므로, 2 × 32,000 = 64,000원이다.

③ A가 원래의 소를 제기할 때 들어가는 송달료는 당사자 수 × 송달료 10회분이고, 항소를 제기할 때 들어가는 송달료는 당사자 수 × 송달료 12회분이므로, 당사자 수가 같을 경우 항소를 제기할 때 들어가는 송달료가 원래의 송달료보다 많다.

⑤ 민사 항소사건의 경우 당사자수 × 송달료 12회분을 납부해야 한다.

Answer 24.② 25.③ 26.④ 27.④

28 다음은 어느 은행의 대출 상품에 관한 정보이다. 보기 중에서 이 대출상품에 적합한 사람을 모두 고른 것은? (단, 보기 중 모든 사람이 캐피탈의 보증서가 발급된다고 가정한다)

> 소액대출 전용상품
>
> • 특징 : 은행-캐피탈 간 협약상품으로 직업, 소득에 관계없이 쉽고 간편하게 최고 1,000만 원까지 이용 가능한 개인 소액대출 전용상품
> • 대출대상 : 캐피탈의 보증서가 발급되는 개인
> • 대출기간 : 4개월 이상 1년 이내(거치기간 없음). 다만, 원리금 상환을 위하여 자동이체일과 상환기일을 일치시키는 경우에 한하여 최장 13개월 이내에서 대출기간 지정 가능
> • 대출한도 : 300만 원 이상 1,000만 원 이내
> • 대출금리 : 신용등급에 따라 차등적용
> • 상환방법 : 원금균등할부상환
> • 중도상환 : 수수료 없음

> 〈보기〉
>
> ㉠ 정훈 : 회사를 운영하고 있으며, 갑작스럽게 1,000만 원이 필요하여 법인 앞으로 대출을 원하고 있다.
> ㉡ 수미 : 4학년 2학기 등록금 400만 원이 필요하며, 거치기간을 거쳐 입사한 후에 대출상환을 원하고 있다.
> ㉢ 은정 : 갑작스러운 남편의 수술로 500만 원이 필요하며 5개월 후 곗돈 500만 원을 타면 대출상환을 할 수 있다.

① ㉠ ② ㉢
③ ㉠㉡ ④ ㉡㉢
⑤ ㉠㉡㉢

Tip ㉠ 이 대출상품은 개인을 대상으로 하기 때문에 법인은 대출을 받을 수 없다.
㉡ 대출기간은 4개월 이상 1년 이내로 거치기간이 없다.

29 지환이의 신장은 170cm, 체중은 80kg이다. 다음을 근거로 할 때, 지환이의 비만 정도를 바르게 나열한 것은?

> 과다한 영양소 섭취와 적은 체내 에너지 소비로 인한 에너지 대사의 불균형으로 지방이 체내에 지나치게 축적되어 체중이 과다해지는 것을 비만이라 한다.
>
> 비만 정도를 측정하는 방법은 Broca 보정식과 체질량지수를 이용하는 것이 대표적이다.
>
> Broca 보정식은 신장과 체중을 이용하여 비만 정도를 측정하는 간단한 방법이다. 이 방법에 의하면 신장(cm)에서 100을 뺀 수치에 0.9를 곱한 수치가 '표준체중(kg)'이며, 표준체중의 110% 이상 120% 미만의 체중을 '체중과잉', 120% 이상의 체중을 '비만'이라고 한다.
>
> 한편 체질량 지수는 체중(kg)을 '신장(m)'의 제곱으로 나눈 값을 의미한다. 체질량 지수에 따른 비만 정도는 다음 〈표〉와 같다.

〈표〉

체질량 지수	비만 정도
18.5 미만	저체중
18.5 이상 ~ 23.0 미만	정상
23.0 이상 ~ 25.0 미만	과체중
25.0 이상 ~ 30.0 미만	경도비만
30.0 이상 ~ 35.0 미만	중등도비만
35.0 이상	고도비만

① Broca 보정식으로는 체중과잉, 체질량 지수로는 과체중에 해당한다.

② Broca 보정식으로는 체중과잉, 체질량 지수로는 경도비만에 해당한다.

③ Broca 보정식으로는 비만, 체질량 지수로는 중등도비만에 해당한다.

④ Broca 보정식으로는 비만, 체질량 지수로는 경도비만에 해당한다.

⑤ Broca 보정식으로는 비만, 체질량 지수로는 정상에 해당한다.

Tip

㉠ Broca 보정식에 의한 신장 170cm의 표준체중은 $(170-100)\times 0.9=63kg$이므로, 지환이는 $\frac{80}{63}\times 100 \fallingdotseq 127(\%)$로 비만에 해당한다.

㉡ 지환이의 체질량 지수는 $\frac{80}{1.7^2} \fallingdotseq 27.7$이므로 경도비만에 해당한다.

Answer 28.② 29.④

30 다음은 특보의 종류 및 기준에 관한 자료이다. ㉠과 ㉡의 상황에 어울리는 특보를 올바르게 짝지은 것은?

〈특보의 종류 및 기준〉

종류	주의보	경보
강풍	육상에서 풍속 14m/s 이상 또는 순간풍속 20m/s 이상이 예상될 때. 다만, 산지는 풍속 17m/s 이상 또는 순간풍속 25m/s 이상이 예상될 때	육상에서 풍속 21m/s 이상 또는 순간풍속 26m/s 이상이 예상될 때. 다만, 산지는 풍속 24m/s 이상 또는 순간풍속 30m/s 이상이 예상될 때
호우	6시간 강우량이 70mm 이상 예상되거나 12시간 강우량이 110mm 이상 예상될 때	6시간 강우량이 110mm 이상 예상되거나 12시간 강우량이 180mm 이상 예상될 때
태풍	태풍으로 인하여 강풍, 풍랑, 호우 현상 등이 주의보 기준에 도달할 것으로 예상될 때	태풍으로 인하여 풍속이 17m/s 이상 또는 강우량이 100mm 이상 예상될 때. 다만, 예상되는 바람과 비의 정도에 따라 아래와 같이 세분한다. (3급 / 2급 / 1급) 바람(m/s): 17～24 / 25～32 / 33이상 비(mm): 100～249 / 250～399 / 400이상
폭염	6월～9월에 일최고기온이 33℃ 이상이고, 일최고열지수가 32℃ 이상인 상태가 2일 이상 지속될 것으로 예상될 때	6월～9월에 일최고기온이 35℃ 이상이고, 일최고열지수가 41℃ 이상인 상태가 2일 이상 지속될 것으로 예상될 때

태풍 경보 세분:

	3급	2급	1급
바람(m/s)	17～24	25～32	33이상
비(mm)	100～249	250～399	400이상

㉠ 태풍이 남해안에 상륙하여 울산지역에 270mm의 비와 함께 풍속 26m/s의 바람이 예상된다.

㉡ 지리산에 오후 3시에서 오후 9시 사이에 약 130mm의 강우와 함께 순간풍속 28m/s가 예상된다.

	㉠	㉡
①	태풍경보 1급	호우주의보
②	태풍경보 2급	호우경보+강풍주의보
③	태풍주의보	강풍주의보
④	태풍경보 2급	호우경보+강풍경보
⑤	태풍경보 3급	호우주의보

Tip ㉠ : 태풍경보 표를 보면 알 수 있다. 비가 270mm이고 풍속 26m/s에 해당하는 경우는 태풍경보 2급이다.

㉡ : 6시간 강우량이 130mm 이상 예상되므로 호우경보에 해당하며 산지의 경우 순간풍속 28m/s 이상이 예상되므로 강풍주의보에 해당한다.

Answer 30.②

PART

III

인성검사

01 인성검사의 이해

1 인성(성격)검사의 개념과 목적

인성(성격)이란 개인을 특징짓는 평범하고 일상적인 사회적 이미지, 즉 지속적이고 일관된 공적 성격(Public – personality)이며, 환경에 대응함으로써 선천적 · 후천적 요소의 상호작용으로 결정화된 심리적 · 사회적 특성 및 경향을 의미한다.

인성검사는 직무적성검사를 실시하는 대부분의 기업체에서 병행하여 실시하고 있으며, 인성검사만 독자적으로 실시하는 기업도 있다.

기업체에서는 인성검사를 통하여 각 개인이 어떠한 성격 특성이 발달되어 있고, 어떤 특성이 얼마나 부족한지, 그것이 해당 직무의 특성 및 조직문화와 얼마나 맞는지를 알아보고 이에 적합한 인재를 선발하고자 한다. 또한 개인에게 적합한 직무 배분과 부족한 부분을 교육을 통해 보완하도록 할 수 있다.

인성검사의 측정요소는 검사방법에 따라 차이가 있다. 또한 각 기업체들이 사용하고 있는 인성검사는 기존에 개발된 인성검사방법에 각 기업체의 인재상을 적용하여 자신들에게 적합하게 재개발하여 사용하는 경우가 많다. 그러므로 기업체에서 요구하는 인재상을 파악하여 그에 따른 대비책을 준비하는 것이 바람직하다. 본서에서 제시된 인성검사는 크게 '특성'과 '유형'의 측면에서 측정하게 된다.

2 성격의 특성

(1) 정서적 측면

정서적 측면은 평소 마음의 당연시하는 자세나 정신상태가 얼마나 안정되어 있는지 또는 불안정한지를 측정한다.

정서의 상태는 직무수행이나 대인관계와 관련하여 태도나 행동으로 드러난다. 그러므로 정서적 측면을 측정하는 것에 의해, 장래 조직 내의 인간관계에 어느 정도 잘 적응할 수 있을까(또는 적응하지 못할까)를 예측하는 것이 가능하다.

그렇기 때문에, 정서적 측면의 결과는 채용 시에 상당히 중시된다. 아무리 능력이 좋아도 장기적으로 조직 내의 인간관계에 잘 적응할 수 없다고 판단되는 인재는 기본적으로는 채용되지 않는다.

일반적으로 인성(성격)검사는 채용과는 관계없다고 생각하나 정서적으로 조직에 적응하지 못하는 인재는 채용단계에서 가려내지는 것을 유의하여야 한다.

① **민감성(신경도)** … 꼼꼼함, 섬세함, 성실함 등의 요소를 통해 일반적으로 신경질적인지 또는 자신의 존재를 위협받는다는 불안을 갖기 쉬운지를 측정한다.

질문	전혀 그렇지 않다	그렇지 않다	그렇다	매우 그렇다
• 배려적이라고 생각한다. • 어지러진 방에 있으면 불안하다. • 실패 후에는 불안하다. • 세세한 것까지 신경쓴다. • 이유 없이 불안할 때가 있다.				

▶**측정결과**

㉠ **'그렇다'가 많은 경우**(상처받기 쉬운 유형) : 사소한 일에 신경 쓰고 다른 사람의 사소한 한마디 말에 상처를 받기 쉽다.

- **면접관의 심리** : '동료들과 잘 지낼 수 있을까?', '실패할 때마다 위축되지 않을까?'
- **면접대책** : 다소 신경질적이라도 능력을 발휘할 수 있다는 평가를 얻도록 한다. 주변과 충분한 의사소통이 가능하고, 결정한 것을 실행할 수 있다는 것을 보여주어야 한다.

㉡ **'그렇지 않다'가 많은 경우**(정신적으로 안정적인 유형) : 사소한 일에 신경 쓰지 않고 금방 해결하며, 주위 사람의 말에 과민하게 반응하지 않는다.

- **면접관의 심리** : '계약할 때 필요한 유형이고, 사고 발생에도 유연하게 대처할 수 있다.'
- **면접대책** : 일반적으로 '민감성'의 측정치가 낮으면 플러스 평가를 받으므로 더욱 자신감 있는 모습을 보여준다.

② 자책성(과민도) … 자신을 비난하거나 책망하는 정도를 측정한다.

질문	전혀 그렇지 않다	그렇지 않다	그렇다	매우 그렇다
• 후회하는 일이 많다. • 자신이 하찮은 존재라 생각된다. • 문제가 발생하면 자기의 탓이라고 생각한다. • 무슨 일이든지 끙끙대며 진행하는 경향이 있다. • 온순한 편이다.				

▶측정결과

㉠ '그렇다'가 많은 경우(자책하는 유형) : 비관적이고 후회하는 유형이다.

- 면접관의 심리 : '끙끙대며 괴로워하고, 일을 진행하지 못할 것 같다.'
- 면접대책 : 기분이 저조해도 항상 의욕을 가지고 생활하는 것과 책임감이 강하다는 것을 보여준다.

㉡ '그렇지 않다'가 많은 경우(낙천적인 유형) : 기분이 항상 밝은 편이다.

- 면접관의 심리 : '안정된 대인관계를 맺을 수 있고, 외부의 압력에도 흔들리지 않는다.'
- 면접대책 : 일반적으로 '자책성'의 측정치가 낮아야 좋은 평가를 받는다.

③ 기분성(불안도) … 기분의 굴곡이나 감정적인 면의 미숙함이 어느 정도인지를 측정하는 것이다.

질문	전혀 그렇지 않다	그렇지 않다	그렇다	매우 그렇다
• 다른 사람의 의견에 자신의 결정이 흔들리는 경우가 많다. • 기분이 쉽게 변한다. • 종종 후회한다. • 다른 사람보다 의지가 약한 편이라고 생각한다. • 금방 싫증을 내는 성격이라는 말을 자주 듣는다.				

▶측정결과

㉠ '그렇다'가 많은 경우(감정의 기복이 많은 유형) : 의지력보다 기분에 따라 행동하기 쉽다.

- 면접관의 심리 : '감정적인 것에 약하며, 상황에 따라 생산성이 떨어지지 않을까?'
- 면접대책 : 주변 사람들과 항상 협조한다는 것을 강조하고 한결같은 상태로 일할 수 있다는 평가를 받도록 한다.

㉡ '그렇지 않다'가 많은 경우(감정의 기복이 적은 유형) : 감정의 기복이 없고, 안정적이다.

- 면접관의 심리 : '안정적으로 업무에 임할 수 있다.'
- 면접대책 : 기분성의 측정치가 낮으면 플러스 평가를 받으므로 자신감을 가지고 면접에 임한다.

④ **독자성**(개인도) … 주변에 대한 견해나 관심, 자신의 견해나 생각에 어느 정도의 속박감을 가지고 있는지를 측정한다.

질문	전혀 그렇지 않다	그렇지 않다	그렇다	매우 그렇다
• 창의적 사고방식을 가지고 있다. • 융통성이 있는 편이다. • 혼자 있는 편이 많은 사람과 있는 것보다 편하다. • 개성적이라는 말을 듣는다. • 교제는 번거로운 것이라고 생각하는 경우가 많다.				

▶측정결과

㉠ '그렇다'가 많은 경우 : 자기의 관점을 중요하게 생각하는 유형으로, 주위의 상황보다 자신의 느낌과 생각을 중시한다.

- 면접관의 심리 : '제멋대로 행동하지 않을까?'
- 면접대책 : 주위 사람과 협조하여 일을 진행할 수 있다는 것과 상식에 얽매이지 않는다는 인상을 심어준다.

㉡ '그렇지 않다'가 많은 경우 : 상식적으로 행동하고 주변 사람의 시선에 신경을 쓴다.

- 면접관의 심리 : '다른 직원들과 협조하여 업무를 진행할 수 있겠다.'
- 면접대책 : 협조성이 요구되는 기업체에서는 플러스 평가를 받을 수 있다.

⑤ 자신감(자존심도) … 자기 자신에 대해 얼마나 긍정적으로 평가하는지를 측정한다.

질문	전혀 그렇지 않다	그렇지 않다	그렇다	매우 그렇다
• 다른 사람보다 능력이 뛰어나다고 생각한다. • 다소 반대의견이 있어도 나만의 생각으로 행동할 수 있다. • 나는 다른 사람보다 기가 센 편이다. • 동료가 나를 모욕해도 무시할 수 있다. • 대개의 일을 목적한 대로 헤쳐나갈 수 있다고 생각한다.				

▶측정결과

㉠ '그렇다'가 많은 경우 : 자기 능력이나 외모 등에 자신감이 있고, 비판당하는 것을 좋아하지 않는다.

- 면접관의 심리 : '자만하여 지시에 잘 따를 수 있을까?'
- 면접대책 : 다른 사람의 조언을 잘 받아들이고, 겸허하게 반성하는 면이 있다는 것을 보여주고, 동료들과 잘 지내며 리더의 자질이 있다는 것을 강조한다.

㉡ '그렇지 않다'가 많은 경우 : 자신감이 없고 다른 사람의 비판에 약하다.

- 면접관의 심리 : '패기가 부족하지 않을까?', '쉽게 좌절하지 않을까?'
- 면접대책 : 극도의 자신감 부족으로 평가되지는 않는다. 그러나 마음이 약한 면은 있지만 의욕적으로 일을 하겠다는 마음가짐을 보여준다.

⑥ 고양성(분위기에 들뜨는 정도) … 자유분방함, 명랑함과 같이 감정(기분)의 높고 낮음의 정도를 측정한다.

질문	전혀 그렇지 않다	그렇지 않다	그렇다	매우 그렇다
• 침착하지 못한 편이다. • 다른 사람보다 쉽게 우쭐해진다. • 모든 사람이 아는 유명인사가 되고 싶다. • 모임이나 집단에서 분위기를 이끄는 편이다. • 취미 등이 오랫동안 지속되지 않는 편이다.				

▶측정결과

㉠ '그렇다'가 많은 경우 : 자극이나 변화가 있는 일상을 원하고 기분을 들뜨게 하는 사람과 친밀하게 지내는 경향이 강하다.

- 면접관의 심리 : '일을 진행하는 데 변덕스럽지 않을까?'
- 면접대책 : 밝은 태도는 플러스 평가를 받을 수 있지만, 착실한 업무능력이 요구되는 직종에서는 마이너스 평가가 될 수 있다. 따라서 자기조절이 가능하다는 것을 보여준다.

㉡ '그렇지 않다'가 많은 경우 : 감정이 항상 일정하고, 속을 드러내 보이지 않는다.

- 면접관의 심리 : '안정적인 업무 태도를 기대할 수 있겠다.'
- 면접대책 : '고양성'의 낮음은 대체로 플러스 평가를 받을 수 있다. 그러나 '무엇을 생각하고 있는지 모르겠다' 등의 평을 듣지 않도록 주의한다.

⑦ 허위성(진위성) … 필요 이상으로 자기를 좋게 보이려 하거나 기업체가 원하는 '이상형'에 맞춘 대답을 하고 있는지, 없는지를 측정한다.

질문	전혀 그렇지 않다	그렇지 않다	그렇다	매우 그렇다
• 약속을 깨뜨린 적이 한 번도 없다. • 다른 사람을 부럽다고 생각해 본 적이 없다. • 꾸지람을 들은 적이 없다. • 사람을 미워한 적이 없다. • 화를 낸 적이 한 번도 없다.				

▶측정결과

㉠ '그렇다'가 많은 경우 : 실제의 자기와는 다른, 말하자면 원칙으로 해답할 가능성이 있다.

- 면접관의 심리 : '거짓을 말하고 있다.'
- 면접대책 : 조금이라도 좋게 보이려고 하는 '거짓말쟁이'로 평가될 수 있다. '거짓을 말하고 있다.'는 마음 따위가 전혀 없다 해도 결과적으로는 정직하게 답하지 않는다는 것이 되어 버린다. '허위성'의 측정 질문은 구분되지 않고 다른 질문 중에 섞여 있다. 그러므로 모든 질문에 솔직하게 답하여야 한다. 또한 자기 자신과 너무 동떨어진 이미지로 답하면 좋은 결과를 얻지 못한다. 그리고 면접에서 '허위성'을 기본으로 한 질문을 받게 되므로 당황하거나 또다른 모순된 답변을 하게 된다. 겉치레를 하거나 무리한 욕심을 부리지 말고 '이런 사회인이 되고 싶다.'는 현재의 자신보다, 조금 성장한 자신을 표현하는 정도가 적당하다.

㉡ '그렇지 않다'가 많은 경우 : 냉정하고 정직하며, 외부의 압력과 스트레스에 강한 유형이다. '대쪽 같음'의 이미지가 굳어지지 않도록 주의한다.

(2) 행동적인 측면

행동적 측면은 인격 중에 특히 행동으로 드러나기 쉬운 측면을 측정한다. 사람의 행동 특징 자체에는 선도 악도 없으나, 일반적으로는 일의 내용에 의해 원하는 행동이 있다. 때문에 행동적 측면은 주로 직종과 깊은 관계가 있는데 자신의 행동 특성을 살려 적합한 직종을 선택한다면 플러스가 될 수 있다.

행동 특성에서 보여 지는 특징은 면접장면에서도 드러나기 쉬운데 본서의 모의 TEST의 결과를 참고하여 자신의 태도, 행동이 면접관의 시선에 어떻게 비치는지를 점검하도록 한다.

① **사회적 내향성** … 대인관계에서 나타나는 행동경향으로 '낯가림'을 측정한다.

질문	선택
A : 파티에서는 사람을 소개받은 편이다. B : 파티에서는 사람을 소개하는 편이다.	
A : 처음 보는 사람과는 어색하게 시간을 보내는 편이다. B : 처음 보는 사람과는 즐거운 시간을 보내는 편이다.	
A : 친구가 적은 편이다. B : 친구가 많은 편이다.	
A : 자신의 의견을 말하는 경우가 적다. B : 자신의 의견을 말하는 경우가 많다.	
A : 사교적인 모임에 참석하는 것을 좋아하지 않는다. B : 사교적인 모임에 항상 참석한다.	

▶측정결과

㉠ 'A'가 많은 경우 : 내성적이고 사람들과 접하는 것에 소극적이다. 자신의 의견을 말하지 않고 조심스러운 편이다.

- 면접관의 심리 : '소극적인데 동료와 잘 지낼 수 있을까?'
- 면접대책 : 대인관계를 맺는 것을 싫어하지 않고 의욕적으로 일을 할 수 있다는 것을 보여준다.

㉡ 'B'가 많은 경우 : 사교적이고 자기의 생각을 명확하게 전달할 수 있다.

- 면접관의 심리 : '사교적이고 활동적인 것은 좋지만, 자기주장이 너무 강하지 않을까?'
- 면접대책 : 협조성을 보여주고, 자기주장이 너무 강하다는 인상을 주지 않도록 주의한다.

② **내성성(침착도)** … 자신의 행동과 일에 대해 침착하게 생각하는 정도를 측정한다.

질문	선택
A : 시간이 걸려도 침착하게 생각하는 경우가 많다. B : 짧은 시간에 결정을 하는 경우가 많다.	
A : 실패의 원인을 찾고 반성하는 편이다. B : 실패를 해도 그다지(별로) 개의치 않는다.	
A : 결론이 도출되어도 몇 번 정도 생각을 바꾼다. B : 결론이 도출되면 신속하게 행동으로 옮긴다.	
A : 여러 가지 생각하는 것이 능숙하다. B : 여러 가지 일을 재빨리 능숙하게 처리하는 데 익숙하다.	
A : 여러 가지 측면에서 사물을 검토한다. B : 행동한 후 생각을 한다.	

▶측정결과

㉠ 'A'가 많은 경우 : 행동하기 보다는 생각하는 것을 좋아하고 신중하게 계획을 세워 실행한다.

- 면접관의 심리 : '행동으로 실천하지 못하고, 대응이 늦은 경향이 있지 않을까?'
- 면접대책 : 발로 뛰는 것을 좋아하고, 일을 더디게 한다는 인상을 주지 않도록 한다.

㉡ 'B'가 많은 경우 : 차분하게 생각하는 것보다 우선 행동하는 유형이다.

- 면접관의 심리 : '생각하는 것을 싫어하고 경솔한 행동을 하지 않을까?'
- 면접대책 : 계획을 세우고 행동할 수 있는 것을 보여주고 '사려깊다'라는 인상을 남기도록 한다.

③ 신체활동성 … 몸을 움직이는 것을 좋아하는가를 측정한다.

질문	선택
A : 민첩하게 활동하는 편이다. B : 준비행동이 없는 편이다.	
A : 일을 척척 해치우는 편이다. B : 일을 더디게 처리하는 편이다.	
A : 활발하다는 말을 듣는다. B : 얌전하다는 말을 듣는다.	
A : 몸을 움직이는 것을 좋아한다. B : 가만히 있는 것을 좋아한다.	
A : 스포츠를 하는 것을 즐긴다. B : 스포츠를 보는 것을 좋아한다.	

▶측정결과

㉠ 'A'가 많은 경우 : 활동적이고, 몸을 움직이게 하는 것이 컨디션이 좋다.

- 면접관의 심리 : '활동적으로 활동력이 좋아 보인다.'
- 면접대책 : 활동하고 얻은 성과 등과 주어진 상황의 대응능력을 보여준다.

㉡ 'B'가 많은 경우 : 침착한 인상으로, 차분하게 있는 타입이다.

- 면접관의 심리 : '좀처럼 행동하려 하지 않아 보이고, 일을 빠르게 처리할 수 있을까?'

④ 지속성(노력성) … 무슨 일이든 포기하지 않고 끈기 있게 하려는 정도를 측정한다.

질문	선택
A : 일단 시작한 일은 시간이 걸려도 끝까지 마무리한다. B : 일을 하다 어려움에 부딪히면 단념한다.	
A : 끈질긴 편이다. B : 바로 단념하는 편이다.	
A : 인내가 강하다는 말을 듣는다. B : 금방 싫증을 낸다는 말을 듣는다.	
A : 집념이 깊은 편이다. B : 담백한 편이다.	
A : 한 가지 일에 구애되는 것이 좋다고 생각한다. B : 간단하게 체념하는 것이 좋다고 생각한다.	

▶측정결과

㉠ 'A'가 많은 경우 : 시작한 것은 어려움이 있어도 포기하지 않고 인내심이 높다.

- 면접관의 심리 : '한 가지의 일에 너무 구애되고, 업무의 진행이 원활할까?'
- 면접대책 : 인내력이 있는 것은 플러스 평가를 받을 수 있지만 집착이 강해 보이기도 한다.

㉡ 'B'가 많은 경우 : 뒤끝이 없고 조그만 실패로 일을 포기하기 쉽다.

- 면접관의 심리 : '질리는 경향이 있고, 일을 정확히 끝낼 수 있을까?'
- 면접대책 : 지속적인 노력으로 성공했던 사례를 준비하도록 한다.

⑤ 신중성(주의성) … 자신이 처한 주변상황을 즉시 파악하고 자신의 행동이 어떤 영향을 미치는지를 측정한다.

질문	선택
A : 여러 가지로 생각하면서 완벽하게 준비하는 편이다. B : 행동할 때부터 임기응변적인 대응을 하는 편이다.	
A : 신중해서 타이밍을 놓치는 편이다. B : 준비 부족으로 실패하는 편이다.	
A : 자신은 어떤 일에도 신중히 대응하는 편이다. B : 순간적인 충동으로 활동하는 편이다.	
A : 시험을 볼 때 끝날 때까지 재검토하는 편이다. B : 시험을 볼 때 한 번에 모든 것을 마치는 편이다.	
A : 일에 대해 계획표를 만들어 실행한다. B : 일에 대한 계획표 없이 진행한다.	

▶측정결과

㉠ 'A'가 많은 경우 : 주변 상황에 민감하고, 예측하여 계획 있게 일을 진행한다.

- 면접관의 심리 : '너무 신중해서 적절한 판단을 할 수 있을까?', '앞으로의 상황에 불안을 느끼지 않을까?'
- 면접대책 : 예측을 하고 실행을 하는 것은 플러스 평가가 되지만, 너무 신중하면 일의 진행이 정체될 가능성을 보이므로 추진력이 있다는 강한 의욕을 보여준다.

㉡ 'B'가 많은 경우 : 주변 상황을 살펴보지 않고 착실한 계획 없이 일을 진행시킨다.

- 면접관의 심리 : '사려 깊지 않고, 실패하는 일이 많지 않을까?', '판단이 빠르고 유연한 사고를 할 수 있을까?'
- 면접대책 : 사전준비를 중요하게 생각하고 있다는 것 등을 보여주고, 경솔한 인상을 주지 않도록 한다. 또한 판단력이 빠르거나 유연한 사고 덕분에 일 처리를 잘 할 수 있다는 것을 강조한다.

(3) 의욕적인 측면

의욕적인 측면은 의욕의 정도, 활동력의 유무 등을 측정한다. 여기서의 의욕이란 우리들이 보통 말하고 사용하는 '하려는 의지'와는 조금 뉘앙스가 다르다. '하려는 의지'란 그 때의 환경이나 기분에 따라 변화하는 것이지만, 여기에서는 조금 더 변화하기 어려운 특징, 말하자면 정신적 에너지의 양으로 측정하는 것이다.

의욕적 측면은 행동적 측면과는 다르고, 전반적으로 어느 정도 점수가 높은 쪽을 선호한다. 모의검사의 의욕적 측면의 결과가 낮다면, 평소 일에 몰두할 때 조금 의욕 있는 자세를 가지고 서서히 개선하도록 노력해야 한다.

① **달성의욕** … 목적의식을 가지고 높은 이상을 가지고 있는지를 측정한다.

질문	선택
A : 경쟁심이 강한 편이다. B : 경쟁심이 약한 편이다.	
A : 어떤 한 분야에서 제1인자가 되고 싶다고 생각한다. B : 어느 분야에서든 성실하게 임무를 진행하고 싶다고 생각한다.	
A : 규모가 큰 일을 해보고 싶다. B : 맡은 일에 충실히 임하고 싶다.	
A : 아무리 노력해도 실패한 것은 아무런 도움이 되지 않는다. B : 가령 실패했을 지라도 나름대로의 노력이 있었으므로 괜찮다.	
A : 높은 목표를 설정하여 수행하는 것이 의욕적이다. B : 실현 가능한 정도의 목표를 설정하는 것이 의욕적이다.	

▶측정결과

㉠ 'A'가 많은 경우 : 큰 목표와 높은 이상을 가지고 승부욕이 강한 편이다.

- 면접관의 심리 : '열심히 일을 해줄 것 같은 유형이다.'
- 면접대책 : 달성의욕이 높다는 것은 어떤 직종이라도 플러스 평가가 된다.

㉡ 'B'가 많은 경우 : 현재의 생활을 소중하게 여기고 비약적인 발전을 위하여 기를 쓰지 않는다.

- 면접관의 심리 : '외부의 압력에 약하고, 기획입안 등을 하기 어려울 것이다.'
- 면접대책 : 일을 통하여 하고 싶은 것들을 구체적으로 어필한다.

② **활동의욕** … 자신에게 잠재된 에너지의 크기로, 정신적인 측면의 활동력이라 할 수 있다.

질문	선택
A : 하고 싶은 일을 실행으로 옮기는 편이다. B : 하고 싶은 일을 좀처럼 실행할 수 없는 편이다.	
A : 어려운 문제를 해결해 가는 것이 좋다. B : 어려운 문제를 해결하는 것을 잘하지 못한다.	
A : 일반적으로 결단이 빠른 편이다. B : 일반적으로 결단이 느린 편이다.	
A : 곤란한 상황에도 도전하는 편이다. B : 사물의 본질을 깊게 관찰하는 편이다.	
A : 시원시원하다는 말을 잘 듣는다. B : 꼼꼼하다는 말을 잘 듣는다.	

▶측정결과

㉠ 'A'가 많은 경우 : 꾸물거리는 것을 싫어하고 재빠르게 결단해서 행동하는 타입이다.
- 면접관의 심리 : '일을 처리하는 솜씨가 좋고, 일을 척척 진행할 수 있을 것 같다.'
- 면접대책 : 활동의욕이 높은 것은 플러스 평가가 된다. 사교성이나 활동성이 강하다는 인상을 준다.

㉡ 'B'가 많은 경우 : 안전하고 확실한 방법을 모색하고 차분하게 시간을 아껴서 일에 임하는 타입이다.
- 면접관의 심리 : '재빨리 행동을 못하고, 일의 처리속도가 느린 것이 아닐까?'
- 면접대책 : 활동성이 있는 것을 좋아하고 움직임이 더디다는 인상을 주지 않도록 한다.

3 성격의 유형

(1) 인성검사유형의 4가지 척도

정서적인 측면, 행동적인 측면, 의욕적인 측면의 요소들은 성격 특성이라는 관점에서 제시된 것들로 각 개인의 장·단점을 파악하는 데 유용하다. 그러나 전체적인 개인의 인성을 이해하는 데는 한계가 있다.

성격의 유형은 개인의 '성격적인 특색'을 가리키는 것으로, 사회인으로서 적합한지, 아닌지를 말하는 관점과는 관계가 없다. 따라서 채용의 합격 여부에는 사용되지 않는 경우가 많으며, 입사 후의 적정 부서 배치의 자료가 되는 편이라 생각하면 된다. 그러나 채용과 관계가 없다고 해서 아무런 준비도 필요없는 것은 아니다. 자신을 아는 것은 면접 대책의 밑거름이 되므로 모의검사 결과를 충분히 활용하도록 하여야 한다.

본서에서는 4개의 척도를 사용하여 기본적으로 16개의 패턴으로 성격의 유형을 분류하고 있다. 각 개인의 성격이 어떤 유형인지 재빨리 파악하기 위해 사용되며, '적성'에 맞는지, 맞지 않는지의 관점에 활용된다.

- 흥미 · 관심의 방향 : 내향형 ←――――→ 외향형
- 사물에 대한 견해 : 직관형 ←――――→ 감각형
- 판단하는 방법 : 감정형 ←――――→ 사고형
- 환경에 대한 접근방법 : 지각형 ←――――→ 판단형

(2) **성격유형**

① 흥미 · 관심의 방향(내향⇆외향) … 흥미 · 관심의 방향이 자신의 내면에 있는지, 주위환경 등 외면에 향하는 지를 가리키는 척도이다.

질문	선택
A : 내성적인 성격인 편이다. B : 개방적인 성격인 편이다.	
A : 항상 신중하게 생각을 하는 편이다. B : 바로 행동에 착수하는 편이다.	
A : 수수하고 조심스러운 편이다. B : 자기 표현력이 강한 편이다.	
A : 다른 사람과 함께 있으면 침착하지 않다. B : 혼자서 있으면 침착하지 않다.	

▶측정결과

㉠ 'A'가 많은 경우(내향) : 관심의 방향이 자기 내면에 있으며, 조용하고 낯을 가리는 유형이다. 행동력은 부족하나 집중력이 뛰어나고 신중하고 꼼꼼하다.

㉡ 'B'가 많은 경우(외향) : 관심의 방향이 외부환경에 있으며, 사교적이고 활동적인 유형이다. 꼼꼼함이 부족하여 대충하는 경향이 있으나 행동력이 있다.

② 일(사물)을 보는 방법(직감 ⇆ 감각) … 일(사물)을 보는 법이 직감적으로 형식에 얽매이는지, 감각적으로 상식적인지를 가리키는 척도이다.

질문	선택
A : 현실주의적인 편이다. B : 상상력이 풍부한 편이다.	
A : 정형적인 방법으로 일을 처리하는 것을 좋아한다. B : 만들어진 방법에 변화가 있는 것을 좋아한다.	
A : 경험에서 가장 적합한 방법으로 선택한다. B : 지금까지 없었던 새로운 방법을 개척하는 것을 좋아한다.	
A : 성실하다는 말을 듣는다. B : 호기심이 강하다는 말을 듣는다.	

▶측정결과

㉠ 'A'가 많은 경우(감각) : 현실적이고 경험주의적이며 보수적인 유형이다.

㉡ 'B'가 많은 경우(직관) : 새로운 주제를 좋아하며, 독자적인 시각을 가진 유형이다.

③ 판단하는 방법(감정 ⇆ 사고) … 일을 감정적으로 판단하는지, 논리적으로 판단하는지를 가리키는 척도이다.

질문	선택
A : 인간관계를 중시하는 편이다. B : 일의 내용을 중시하는 편이다.	
A : 결론을 자기의 신념과 감정에서 이끌어내는 편이다. B : 결론을 논리적 사고에 의거하여 내리는 편이다.	
A : 다른 사람보다 동정적이고 눈물이 많은 편이다. B : 다른 사람보다 이성적이고 냉정하게 대응하는 편이다.	
A : 남의 이야기를 듣고 감정몰입이 빠른 편이다. B : 고민 상담을 받으면 해결책을 제시해주는 편이다.	

▶측정결과

㉠ 'A'가 많은 경우(감정) : 일을 판단할 때 마음 · 감정을 중요하게 여기는 유형이다. 감정이 풍부하고 친절하나 엄격함이 부족하고 우유부단하며, 합리성이 부족하다.

㉡ 'B'가 많은 경우(사고) : 일을 판단할 때 논리성을 중요하게 여기는 유형이다. 이성적이고 합리적이나 타인에 대한 배려가 부족하다.

④ **환경에 대한 접근방법** … 주변상황에 어떻게 접근하는지, 그 판단기준을 어디에 두는지를 측정한다.

질문	선택
A : 사전에 계획을 세우지 않고 행동한다. B : 반드시 계획을 세우고 그것에 의거해서 행동한다.	
A : 자유롭게 행동하는 것을 좋아한다. B : 조직적으로 행동하는 것을 좋아한다.	
A : 조직성이나 관습에 속박당하지 않는다. B : 조직성이나 관습을 중요하게 여긴다.	
A : 계획 없이 낭비가 심한 편이다. B : 예산을 세워 물건을 구입하는 편이다.	

▶측정결과

㉠ 'A'가 많은 경우(지각) : 일의 변화에 융통성을 가지고 유연하게 대응하는 유형이다. 낙관적이며 질서보다는 자유를 좋아하나 임기응변식의 대응으로 무계획적인 인상을 줄 수 있다.

㉡ 'B'가 많은 경우(판단) : 일의 진행시 계획을 세워서 실행하는 유형이다. 순차적으로 진행하는 일을 좋아하고 끈기가 있으나 변화에 대해 적절하게 대응하지 못하는 경향이 있다.

4 인성검사의 대책

(1) 미리 알아두어야 할 점

① 출제 문항 수 … 인성검사의 출제 문항 수는 특별히 정해진 것이 아니며 각 기업체의 기준에 따라 달라질 수 있다. 보통 100문항 이상에서 500문항까지 출제된다고 예상하면 된다.

② 출제형식

㉠ 1Set로 묶인 세 개의 문항 중 자신에게 가장 가까운 것(Most)과 가장 먼 것(Least)을 하나씩 고르는 유형(72Set, 1Set당 3문항)

다음 세 가지 문항 중 자신에게 가장 가까운 것은 Most, 가장 먼 것은 Least에 체크하시오.

질문	Most	Least
① 자신의 생각이나 의견은 좀처럼 변하지 않는다.	✔	
② 구입한 후 끝까지 읽지 않은 책이 많다.		✔
③ 여행가기 전에 계획을 세운다.		

㉡ '예' 아니면 '아니오'의 유형(178문항)

다음 문항을 읽고 자신에게 해당되는지 안 되는지를 판단하여 해당될 경우 '예'를, 해당되지 않을 경우 '아니오'를 고르시오.

질문	예	아니오
① 걱정거리가 있어서 잠을 못 잘 때가 있다.	✔	
② 시간에 쫓기는 것이 싫다.		✔

㉢ 그 외의 유형

다음 문항에 대해서 평소에 자신이 생각하고 있는 것이나 행동하고 있는 것에 체크하시오.

질문	전혀 그렇지 않다	그렇지 않다	그렇다	매우 그렇다
① 머리를 쓰는 것보다 땀을 흘리는 일이 좋다.			✔	
② 자신은 사교적이 아니라고 생각한다.	✔			

(2) 임하는 자세

① **솔직하게 있는 그대로 표현한다** … 인성검사는 평범한 일상생활 내용들을 다룬 짧은 문장과 어떤 대상이나 일에 대한 선로를 선택하는 문장으로 구성되었으므로 평소에 자신이 생각한 바를 너무 골똘히 생각하지 말고 문제를 보는 순간 떠오른 것을 표현한다.

② **모든 문제를 신속하게 대답한다** … 인성검사는 시간 제한이 없는 것이 원칙이지만 기업체들은 일정한 시간 제한을 두고 있다. 인성검사는 개인의 성격과 자질을 알아보기 위한 검사이기 때문에 정답이 없다. 다만, 기업체에서 바람직하게 생각하거나 기대되는 결과가 있을 뿐이다. 따라서 시간에 쫓겨서 대충 대답을 하는 것은 바람직하지 못하다.

③ **일관성 있게 대답한다** … 간혹 반복되는 문제들이 출제되기 때문에 일관성 있게 답하지 않으면 감점될 수 있으므로 유의한다. 실제로 공기업 인사부 직원의 인터뷰에 따르면 일관성이 없게 대답한 응시자들이 감점을 받아 탈락했다고 한다. 거짓된 응답을 하다보면 일관성 없는 결과가 나타날 수 있으므로, 위에서 언급한 대로 신속하고 솔직하게 답해 일관성 있는 응답을 하는 것이 중요하다.

④ **마지막까지 집중해서 검사에 임한다** … 장시간 진행되는 검사에 지치지 않고 마지막까지 집중해서 정확히 답할 수 있도록 해야 한다.

02 실전 인성검사

〉〉 유형 Ⅰ

▌1~30▌ 다음 질문에 대해서 평소 자신이 생각하고 있는 것이나 행동하고 있는 것에 대해 주어진 응답요령에 따라 박스에 답하시오.

응답요령

- 응답 Ⅰ : 제시된 문항들을 읽은 다음 각각의 문항에 대해 자신이 동의하는 정도를 ①(전혀 그렇지 않다)~⑤(매우 그렇다)로 표시하면 된다.
- 응답 Ⅱ : 제시된 문항들을 비교하여 상대적으로 자신의 성격과 가장 가까운 문항 하나와 가장 거리가 먼 문항 하나를 선택하여야 한다(응답 Ⅱ의 응답은 가깝다 1개, 멀다 1개, 무응답 2개이어야 한다).

1

문항	응답 Ⅰ					응답 Ⅱ	
	①	②	③	④	⑤	멀다	가깝다
A. 몸을 움직이는 것을 좋아하지 않는다.							
B. 쉽게 질리는 편이다.							
C. 경솔한 편이라고 생각한다.							
D. 인생의 목표는 손이 닿을 정도면 된다.							

2

문항	응답 Ⅰ					응답 Ⅱ	
	①	②	③	④	⑤	멀다	가깝다
A. 무슨 일도 좀처럼 시작하지 못한다.							
B. 초면인 사람과도 바로 친해질 수 있다.							
C. 행동하고 나서 생각하는 편이다.							
D. 쉬는 날은 집에 있는 경우가 많다.							

3

문항	응답 I					응답 II	
	①	②	③	④	⑤	멀다	가깝다
A. 조금이라도 나쁜 소식은 절망의 시작이라고 생각해 버린다.							
B. 언제나 실패가 걱정이 되어 어쩔 줄 모른다.							
C. 다수결의 의견에 따르는 편이다.							
D. 혼자서 술집에 들어가는 것은 전혀 두려운 일이 아니다.							

4

문항	응답 I					응답 II	
	①	②	③	④	⑤	멀다	가깝다
A. 승부근성이 강하다.							
B. 자주 흥분해서 침착하지 못하다.							
C. 지금까지 살면서 타인에게 폐를 끼친 적이 없다.							
D. 소곤소곤 이야기하는 것을 보면 자기에 대해 험담하고 있는 것으로 생각된다.							

5

문항	응답 I					응답 II	
	①	②	③	④	⑤	멀다	가깝다
A. 무엇이든지 자기가 나쁘다고 생각하는 편이다.							
B. 자신을 변덕스러운 사람이라고 생각한다.							
C. 고독을 즐기는 편이다.							
D. 자존심이 강하다고 생각한다.							

6

문항	응답 I					응답 II	
	①	②	③	④	⑤	멀다	가깝다
A. 금방 흥분하는 성격이다.							
B. 거짓말을 한 적이 없다.							
C. 신경질적인 편이다.							
D. 끙끙대며 고민하는 타입이다.							

7

문항	응답 I					응답 II	
	①	②	③	④	⑤	멀다	가깝다
A. 감정적인 사람이라고 생각한다.							
B. 자신만의 신념을 가지고 있다.							
C. 다른 사람을 바보 같다고 생각한 적이 있다.							
D. 금방 말해버리는 편이다.							

8

문항	응답 I					응답 II	
	①	②	③	④	⑤	멀다	가깝다
A. 싫어하는 사람이 없다.							
B. 대재앙이 오지 않을까 항상 걱정을 한다.							
C. 쓸데없는 고생을 하는 일이 많다.							
D. 자주 생각이 바뀌는 편이다.							

9

문항	응답 I					응답 II	
	①	②	③	④	⑤	멀다	가깝다
A. 문제점을 해결하기 위해 여러 사람과 상의한다.							
B. 내 방식대로 일을 한다.							
C. 영화를 보고 운 적이 많다.							
D. 어떤 것에 대해서도 화낸 적이 없다.							

10

문항	응답 I					응답 II	
	①	②	③	④	⑤	멀다	가깝다
A. 사소한 충고에도 걱정을 한다.							
B. 자신은 도움이 안 되는 사람이라고 생각한다.							
C. 금방 싫증을 내는 편이다.							
D. 개성적인 사람이라고 생각한다.							

11

문항	응답 I					응답 II	
	①	②	③	④	⑤	멀다	가깝다
A. 자기주장이 강한 편이다.							
B. 뒤숭숭하다는 말을 들은 적이 있다.							
C. 학교를 쉬고 싶다고 생각한 적이 한 번도 없다.							
D. 사람들과 관계 맺는 것을 보면 잘하지 못한다.							

12

문항	응답 I					응답 II	
	①	②	③	④	⑤	멀다	가깝다
A. 사려 깊은 편이다.							
B. 몸을 움직이는 것을 좋아한다.							
C. 끈기가 있는 편이다.							
D. 신중한 편이라고 생각한다.							

13

문항	응답 I					응답 II	
	①	②	③	④	⑤	멀다	가깝다
A. 인생의 목표는 큰 것이 좋다.							
B. 어떤 일이라도 바로 시작하는 타입이다.							
C. 낯가림을 하는 편이다.							
D. 생각하고 나서 행동하는 편이다.							

14

문항	응답 I					응답 II	
	①	②	③	④	⑤	멀다	가깝다
A. 쉬는 날은 밖으로 나가는 경우가 많다.							
B. 시작한 일은 반드시 완성시킨다.							
C. 면밀한 계획을 세운 여행을 좋아한다.							
D. 야망이 있는 편이라고 생각한다.							

15

문항	응답 I					응답 II	
	①	②	③	④	⑤	멀다	가깝다
A. 활동력이 있는 편이다.							
B. 많은 사람들과 왁자지껄하게 식사하는 것을 좋아하지 않는다.							
C. 돈을 허비한 적이 없다.							
D. 운동회를 아주 좋아하고 기대했다.							

16

문항	응답 I					응답 II	
	①	②	③	④	⑤	멀다	가깝다
A. 하나의 취미에 열중하는 타입이다.							
B. 모임에서 회장에 어울린다고 생각한다.							
C. 입신출세의 성공이야기를 좋아한다.							
D. 어떠한 일도 의욕을 가지고 임하는 편이다.							

17

문항	응답 I					응답 II	
	①	②	③	④	⑤	멀다	가깝다
A. 학급에서는 존재가 희미했다.							
B. 항상 무언가를 생각하고 있다.							
C. 스포츠는 보는 것보다 하는 게 좋다.							
D. 잘한다라는 말을 자주 듣는다.							

18

문항	응답 I					응답 II	
	①	②	③	④	⑤	멀다	가깝다
A. 흐린 날은 반드시 우산을 가지고 간다.							
B. 주연상을 받을 수 있는 배우를 좋아한다.							
C. 공격하는 타입이라고 생각한다.							
D. 리드를 받는 편이다.							

19

문항	응답 I					응답 II	
	①	②	③	④	⑤	멀다	가깝다
A. 너무 신중해서 기회를 놓친 적이 있다.							
B. 시원시원하게 움직이는 타입이다.							
C. 야근을 해서라도 업무를 끝낸다.							
D. 누군가를 방문할 때는 반드시 사전에 확인한다.							

20

문항	응답 I					응답 II	
	①	②	③	④	⑤	멀다	가깝다
A. 노력해도 결과가 따르지 않으면 의미가 없다.							
B. 무조건 행동해야 한다.							
C. 유행에 둔감하다고 생각한다.							
D. 정해진 대로 움직이는 것은 시시하다.							

21

문항	응답 I					응답 II	
	①	②	③	④	⑤	멀다	가깝다
A. 꿈을 계속 가지고 있고 싶다.							
B. 질서보다 자유를 중요시하는 편이다.							
C. 혼자서 취미에 몰두하는 것을 좋아한다.							
D. 직관적으로 판단하는 편이다.							

22

문항	응답 I					응답 II	
	①	②	③	④	⑤	멀다	가깝다
A. 영화나 드라마를 보면 등장인물의 감정에 이입된다.							
B. 시대의 흐름에 역행해서라도 자신을 관철하고 싶다.							
C. 다른 사람의 소문에 관심이 없다.							
D. 창조적인 편이다.							

23

문항	응답 I					응답 II	
	①	②	③	④	⑤	멀다	가깝다
A. 비교적 눈물이 많은 편이다.							
B. 융통성이 있다고 생각한다.							
C. 친구의 휴대전화 번호를 잘 모른다.							
D. 스스로 고안하는 것을 좋아한다.							

24

문항	응답 I					응답 II	
	①	②	③	④	⑤	멀다	가깝다
A. 정이 두터운 사람으로 남고 싶다.							
B. 조직의 일원으로 별로 안 어울린다.							
C. 세상의 일에 별로 관심이 없다.							
D. 변화를 추구하는 편이다.							

25

문항	응답 I					응답 II	
	①	②	③	④	⑤	멀다	가깝다
A. 업무는 인간관계로 선택한다.							
B. 환경이 변하는 것에 구애되지 않는다.							
C. 불안감이 강한 편이다.							
D. 인생은 살 가치가 없다고 생각한다.							

26

문항	응답 I					응답 II	
	①	②	③	④	⑤	멀다	가깝다
A. 의지가 약한 편이다.							
B. 다른 사람이 하는 일에 별로 관심이 없다.							
C. 사람을 설득시키는 것은 어렵지 않다.							
D. 심심한 것을 못 참는다.							

27

문항	응답 I					응답 II	
	①	②	③	④	⑤	멀다	가깝다
A. 다른 사람을 욕한 적이 한 번도 없다.							
B. 다른 사람에게 어떻게 보일지 신경을 쓴다.							
C. 금방 낙심하는 편이다.							
D. 다른 사람에게 의존하는 경향이 있다.							

28

문항	응답 I					응답 II	
	①	②	③	④	⑤	멀다	가깝다
A. 그다지 융통성이 있는 편이 아니다.							
B. 다른 사람이 내 의견에 간섭하는 것이 싫다.							
C. 낙천적인 편이다.							
D. 숙제를 잊어버린 적이 한 번도 없다.							

29

문항	응답 I					응답 II	
	①	②	③	④	⑤	멀다	가깝다
A. 밤길에는 발소리가 들리기만 해도 불안하다.							
B. 상냥하다는 말을 들은 적이 있다.							
C. 자신은 유치한 사람이다.							
D. 잡담을 하는 것보다 책을 읽는게 낫다.							

30

문항	응답 I					응답 II	
	①	②	③	④	⑤	멀다	가깝다
A. 나는 영업에 적합한 타입이라고 생각한다.							
B. 술자리에서 술을 마시지 않아도 흥을 돋울 수 있다.							
C. 한 번도 병원에 간 적이 없다.							
D. 나쁜 일은 걱정이 되어서 어쩔 줄을 모른다.							

》 유형 II

▌1~30 ▌ 다음 각 문제에서 제시된 4개의 질문 중 자신의 생각과 일치하거나 자신을 가장 잘 나타내는 질문과 가장 거리가 먼 질문을 각각 하나씩 고르시오.

	질문	가깝다	멀다
1	나는 계획적으로 일을 하는 것을 좋아한다.		
	나는 꼼꼼하게 일을 마무리 하는 편이다.		
	나는 새로운 방법으로 문제를 해결하는 것을 좋아한다.		
	나는 빠르고 신속하게 일을 처리해야 마음이 편하다.		
2	나는 문제를 해결하기 위해 여러 사람과 상의한다.		
	나는 어떠한 결정을 내릴 때 신중한 편이다.		
	나는 시작한 일은 반드시 완성시킨다.		
	나는 문제를 현실적이고 객관적으로 해결한다.		
3	나는 글보다 말로 표현하는 것이 편하다.		
	나는 논리적인 원칙에 따라 행동하는 것이 좋다.		
	나는 집중력이 강하고 매사에 철저하다.		
	나는 자기능력을 뽐내지 않고 겸손하다.		
4	나는 융통성 있게 업무를 처리한다.		
	나는 질문을 받으면 충분히 생각하고 나서 대답한다.		
	나는 긍정적이고 낙천적인 사고방식을 갖고 있다.		
	나는 매사에 적극적인 편이다.		
5	나는 기발한 아이디어를 많이 낸다.		
	나는 새로운 일을 하는 것이 좋다.		
	나는 타인의 견해를 잘 고려한다.		
	나는 사람들을 잘 설득시킨다.		
6	나는 종종 화가 날 때가 있다.		
	나는 화를 잘 참지 못한다.		
	나는 단호하고 통솔력이 있다.		
	나는 집단을 이끌어가는 능력이 있다.		
7	나는 조용하고 성실하다.		
	나는 책임감이 강하다.		
	나는 독창적이며 창의적이다.		
	나는 복잡한 문제도 간단하게 해결한다.		

질문		기깝다	멀다
8	나는 관심 있는 분야에 몰두하는 것이 즐겁다.		
	나는 목표를 달성하는 것을 중요하게 생각한다.		
	나는 상황에 따라 일정을 조율하는 융통성이 있다.		
	나는 의사결정에 신속함이 있다.		
9	나는 정리 정돈과 계획에 능하다.		
	나는 사람들의 관심을 받는 것이 기분 좋다.		
	나는 때로는 고집스러울 때도 있다.		
	나는 원리원칙을 중시하는 편이다.		
10	나는 맡은 일에 헌신적이다.		
	나는 타인의 감정에 민감하다.		
	나는 목적과 방향은 변화할 수 있다고 생각한다.		
	나는 다른 사람과 의견의 충돌은 피하고 싶다.		
11	나는 구체적인 사실을 잘 기억하는 편이다.		
	나는 새로운 일을 시도하는 것이 즐겁다.		
	나는 겸손하다.		
	나는 다른 사람과 별다른 마찰이 없다.		
12	나는 나이에 비해 성숙한 편이다.		
	나는 유머감각이 있다.		
	나는 다른 사람의 생각이나 의견을 중요시 생각한다.		
	나는 솔직하고 단호한 편이다.		
13	나는 낙천적이고 긍정적이다.		
	나는 집단을 이끌어가는 능력이 있다.		
	나는 사람들에게 인기가 많다.		
	나는 활동을 조직하고 주도해나가는데 능하다.		
14	나는 사람들에게 칭찬을 잘 한다.		
	나는 사교성이 풍부한 편이다.		
	나는 동정심이 많다.		
	나는 정보에 밝고 지식에 대한 욕구가 높다.		
15	나는 호기심이 많다.		
	나는 다수결의 의견에 쉽게 따른다.		
	나는 승부근성이 강하다.		
	나는 자존심이 강한 편이다.		
16	나는 한번 생각한 것은 자주 바꾸지 않는다.		
	나는 개성 있다는 말을 자주 듣는다.		
	나는 나만의 방식으로 업무를 풀어나가는데 능하다.		
	나는 신중한 편이라고 생각한다.		

질문		가깝다	멀다
17	나는 문제를 해결하기 위해 많은 사람의 의견을 참고한다.		
	나는 몸을 움직이는 것을 좋아한다.		
	나는 시작한 일은 반드시 완성시킨다.		
	나는 문제 상황을 객관적으로 대처하는데 자신이 있다.		
18	나는 목표를 향해 계속 도전하는 편이다.		
	나는 실패하는 것이 두렵지 않다.		
	나는 친구들이 많은 편이다.		
	나는 다른 사람의 시선을 고려하여 행동한다.		
19	나는 추상적인 이론을 잘 기억하는 편이다.		
	나는 적극적으로 행동하는 편이다.		
	나는 말하는 것을 좋아한다.		
	나는 꾸준히 노력하는 타입이다.		
20	나는 실행력이 있는 편이다.		
	나는 조직 내 분위기 메이커이다.		
	나는 세심하지 못한 편이다.		
	나는 모임에서 지원자 역할을 맡는 것이 좋다.		
21	나는 현실적이고 실용적인 것을 추구한다.		
	나는 계획을 세우고 실행하는 것이 재미있다.		
	나는 꾸준한 취미를 갖고 있다.		
	나는 성급하게 결정하지 않는다.		
22	나는 싫어하는 사람과도 아무렇지 않게 이야기 할 수 있다.		
	내 책상은 항상 깔끔히 정돈되어 있다.		
	나는 실패보다 성공을 먼저 생각한다.		
	나는 동료와의 경쟁도 즐긴다.		
23	나는 능력을 칭찬받는 경우가 많다.		
	나는 논리정연하게 말을 하는 편이다.		
	나는 사물의 근원과 배경에 대해 관심이 많다.		
	나는 문제에 부딪히면 스스로 해결하는 편이다.		
24	나는 부지런한 편이다.		
	나는 일을 하는 속도가 빠르다.		
	나는 독특하고 창의적인 생각을 잘한다.		
	나는 약속한 일은 어기지 않는다.		
25	나는 환경의 변화에도 쉽게 적응할 수 있다.		
	나는 망설이는 것보다 도전하는 편이다.		
	나는 완벽주의자이다.		
	나는 팀을 짜서 일을 하는 것이 재미있다.		

	질문	가깝다	멀다
26	나는 조직을 위해서 내 이익을 포기할 수 있다.		
	나는 상상력이 풍부하다.		
	나는 여러 가지 각도로 사물을 분석하는 것이 좋다.		
	나는 인간관계를 중시하는 편이다.		
27	나는 경험한 방법 중 가장 적합한 방법으로 일을 해결한다.		
	나는 독자적인 시각을 갖고 있다.		
	나는 시간이 걸려도 침착하게 생각하는 경우가 많다.		
	나는 높은 목표를 설정하고 이루기 위해 노력하는 편이다.		
28	나는 성격이 시원시원하다는 말을 자주 듣는다.		
	나는 자기 표현력이 강한 편이다.		
	나는 일의 내용을 중요시 여긴다.		
	나는 다른 사람보다 동정심이 많은 편이다.		
29	나는 하기 싫은 일을 맡아도 표시내지 않고 마무리 한다.		
	나는 누가 시키지 않아도 일을 계획적으로 진행한다.		
	나는 한 가지 일에 집중을 잘 하는 편이다.		
	나는 남을 설득하고 이해시키는데 자신이 있다.		
30	나는 비합리적이거나 불의를 보면 쉽게 지나치지 못한다.		
	나는 무엇이던 시작하면 이루어야 직성이 풀린다.		
	나는 사람을 가리지 않고 쉽게 사귄다.		
	나는 어렵고 힘든 일에 도전하는 것에 쾌감을 느낀다.		

〉〉 유형 Ⅲ

▌1~200 ▌ 다음 (   ) 안에 당신에게 해당사항이 있으면 'YES', 그렇지 않다면 'NO'를 선택하시오.

YES NO

1. 사람들이 붐비는 도시보다 한적한 시골이 좋다. ……………………………………………( )( )
2. 전자기기를 잘 다루지 못하는 편이다. ……………………………………………………( )( )
3. 인생에 대해 깊이 생각해 본 적이 없다. …………………………………………………( )( )
4. 혼자서 식당에 들어가는 것은 전혀 두려운 일이 아니다. ………………………………( )( )
5. 남녀 사이의 연애에서 중요한 것은 돈이다. ………………………………………………( )( )
6. 걸음걸이가 빠른 편이다. ……………………………………………………………………( )( )
7. 육류보다 채소류를 더 좋아한다. ……………………………………………………………( )( )
8. 소곤소곤 이야기하는 것을 보면 자기에 대해 험담하고 있는 것으로 생각된다. ‥( )( )
9. 여럿이 어울리는 자리에서 이야기를 주도하는 편이다. …………………………………( )( )
10. 집에 머무는 시간보다 밖에서 활동하는 시간이 더 많은 편이다. ……………………( )( )
11. 무엇인가 창조해내는 작업을 좋아한다. …………………………………………………( )( )
12. 자존심이 강하다고 생각한다. ………………………………………………………………( )( )
13. 금방 흥분하는 성격이다. ……………………………………………………………………( )( )
14. 거짓말을 한 적이 많다. ………………………………………………………………………( )( )
15. 신경질적인 편이다. ……………………………………………………………………………( )( )
16. 끙끙대며 고민하는 타입이다. ………………………………………………………………( )( )
17. 자신이 맡은 일에 반드시 책임을 지는 편이다. …………………………………………( )( )
18. 누군가와 마주하는 것보다 통화로 이야기하는 것이 더 편하다. ………………………( )( )
19. 운동신경이 뛰어난 편이다. …………………………………………………………………( )( )
20. 생각나는 대로 말해버리는 편이다. …………………………………………………………( )( )
21. 싫어하는 사람이 없다. ………………………………………………………………………( )( )
22. 학창시절 국 · 영 · 수보다는 예체능 과목을 더 좋아했다. …………………………( )( )
23. 쓸데없는 고생을 하는 일이 많다. …………………………………………………………( )( )
24. 자주 생각이 바뀌는 편이다. …………………………………………………………………( )( )
25. 갈등은 대화로 해결한다. ……………………………………………………………………( )( )

	YES	NO
26. 내 방식대로 일을 한다.	( )	( )
27. 영화를 보고 운 적이 많다.	( )	( )
28. 어떤 것에 대해서도 화낸 적이 없다.	( )	( )
29. 좀처럼 아픈 적이 없다.	( )	( )
30. 자신은 도움이 안 되는 사람이라고 생각한다.	( )	( )
31. 어떤 일이든 쉽게 싫증을 내는 편이다.	( )	( )
32. 개성적인 사람이라고 생각한다.	( )	( )
33. 자기주장이 강한 편이다.	( )	( )
34. 뒤숭숭하다는 말을 들은 적이 있다.	( )	( )
35. 인터넷 사용이 아주 능숙하다.	( )	( )
36. 사람들과 관계 맺는 것을 보면 잘하지 못한다.	( )	( )
37. 사고방식이 독특하다.	( )	( )
38. 대중교통보다는 걷는 것을 더 선호한다.	( )	( )
39. 끈기가 있는 편이다.	( )	( )
40. 신중한 편이라고 생각한다.	( )	( )
41. 인생의 목표는 큰 것이 좋다.	( )	( )
42. 어떤 일이라도 바로 시작하는 타입이다.	( )	( )
43. 낯가림을 하는 편이다.	( )	( )
44. 생각하고 나서 행동하는 편이다.	( )	( )
45. 쉬는 날은 밖으로 나가는 경우가 많다.	( )	( )
46. 시작한 일은 반드시 완성시킨다.	( )	( )
47. 면밀한 계획을 세운 여행을 좋아한다.	( )	( )
48. 야망이 있는 편이라고 생각한다.	( )	( )
49. 활동력이 있는 편이다.	( )	( )
50. 많은 사람들과 왁자지껄하게 식사하는 것을 좋아하지 않는다.	( )	( )
51. 장기적인 계획을 세우는 것을 꺼려한다.	( )	( )
52. 자기 일이 아닌 이상 무심한 편이다.	( )	( )

YES NO

53. 하나의 취미에 열중하는 타입이다. ( )( )
54. 스스로 모임에서 회장에 어울린다고 생각한다. ( )( )
55. 입신출세의 성공이야기를 좋아한다. ( )( )
56. 어떠한 일도 의욕을 가지고 임하는 편이다. ( )( )
57. 학급에서는 존재가 희미했다. ( )( )
58. 항상 무언가를 생각하고 있다. ( )( )
59. 스포츠는 보는 것보다 하는 게 좋다. ( )( )
60. 문제 상황을 바르게 인식하고 현실적이고 객관적으로 대처한다. ( )( )
61. 흐린 날은 반드시 우산을 가지고 간다. ( )( )
62. 여러 명보다 1 : 1로 대화하는 것을 선호한다. ( )( )
63. 공격하는 타입이라고 생각한다. ( )( )
64. 리드를 받는 편이다. ( )( )
65. 너무 신중해서 기회를 놓친 적이 있다. ( )( )
66. 시원시원하게 움직이는 타입이다. ( )( )
67. 야근을 해서라도 업무를 끝낸다. ( )( )
68. 누군가를 방문할 때는 반드시 사전에 확인한다. ( )( )
69. 아무리 노력해도 결과가 따르지 않는다면 의미가 없다. ( )( )
70. 솔직하고 타인에 대해 개방적이다. ( )( )
71. 유행에 둔감하다고 생각한다. ( )( )
72. 정해진 대로 움직이는 것은 시시하다. ( )( )
73. 꿈을 계속 가지고 있고 싶다. ( )( )
74. 질서보다 자유를 중요시하는 편이다. ( )( )
75. 혼자서 취미에 몰두하는 것을 좋아한다. ( )( )
76. 직관적으로 판단하는 편이다. ( )( )
77. 영화나 드라마를 보며 등장인물의 감정에 이입된다. ( )( )
78. 시대의 흐름에 역행해서라도 자신을 관철하고 싶다. ( )( )
79. 다른 사람의 소문에 관심이 없다. ( )( )

YES NO

80. 창조적인 편이다. ( )( )

81. 비교적 눈물이 많은 편이다. ( )( )

82. 융통성이 있다고 생각한다. ( )( )

83. 친구의 휴대전화 번호를 잘 모른다. ( )( )

84. 스스로 고안하는 것을 좋아한다. ( )( )

85. 정이 두터운 사람으로 남고 싶다. ( )( )

86. 새로 나온 전자제품의 사용방법을 익히는 데 오래 걸린다. ( )( )

87. 세상의 일에 별로 관심이 없다. ( )( )

88. 변화를 추구하는 편이다. ( )( )

89. 업무는 인간관계로 선택한다. ( )( )

90. 환경이 변하는 것에 구애되지 않는다. ( )( )

91. 다른 사람들에게 첫인상이 좋다는 이야기를 자주 듣는다. ( )( )

92. 인생은 살 가치가 없다고 생각한다. ( )( )

93. 의지가 약한 편이다. ( )( )

94. 다른 사람이 하는 일에 별로 관심이 없다. ( )( )

95. 자주 넘어지거나 다치는 편이다. ( )( )

96. 심심한 것을 못 참는다. ( )( )

97. 다른 사람을 욕한 적이 한 번도 없다. ( )( )

98. 몸이 아프더라도 병원에 잘 가지 않는 편이다. ( )( )

99. 금방 낙심하는 편이다. ( )( )

100. 평소 말이 빠른 편이다. ( )( )

101. 어려운 일은 되도록 피하는 게 좋다. ( )( )

102. 다른 사람이 내 의견에 간섭하는 것이 싫다. ( )( )

103. 낙천적인 편이다. ( )( )

104. 남을 돕다가 오해를 산 적이 있다. ( )( )

105. 모든 일에 준비성이 철저한 편이다. ( )( )

106. 상냥하다는 말을 들은 적이 있다. ( )( )

YES NO

107. 맑은 날보다 흐린 날을 더 좋아한다. ·····························( )( )

108. 많은 친구들을 만나는 것보다 단 둘이 만나는 것이 더 좋다. ·····························( )( )

109. 평소에 불평불만이 많은 편이다. ·····························( )( )

110. 가끔 나도 모르게 엉뚱한 행동을 하는 때가 있다. ·····························( )( )

111. 생리현상을 잘 참지 못하는 편이다. ·····························( )( )

112. 다른 사람을 기다리는 경우가 많다. ·····························( )( )

113. 술자리나 모임에 억지로 참여하는 경우가 많다. ·····························( )( )

114. 결혼과 연애는 별개라고 생각한다. ·····························( )( )

115. 노후에 대해 걱정이 될 때가 많다. ·····························( )( )

116. 잃어버린 물건은 쉽게 찾는 편이다. ·····························( )( )

117. 비교적 쉽게 감격하는 편이다. ·····························( )( )

118. 어떤 것에 대해서는 불만을 가진 적이 없다. ·····························( )( )

119. 걱정으로 밤에 못 잘 때가 많다. ·····························( )( )

120. 자주 후회하는 편이다. ·····························( )( )

121. 쉽게 학습하지만 쉽게 잊어버린다. ·····························( )( )

122. 낮보다 밤에 일하는 것이 좋다. ·····························( )( )

123. 많은 사람 앞에서도 긴장하지 않는다. ·····························( )( )

124. 상대방에게 감정 표현을 하기가 어렵게 느껴진다. ·····························( )( )

125. 인생을 포기하는 마음을 가진 적이 한 번도 없다. ·····························( )( )

126. 규칙에 대해 드러나게 반발하기보다 속으로 반발한다. ·····························( )( )

127. 자신의 언행에 대해 자주 반성한다. ·····························( )( )

128. 활동범위가 좁아 늘 가던 곳만 고집한다. ·····························( )( )

129. 나는 끈기가 다소 부족하다. ·····························( )( )

130. 좋다고 생각하더라도 좀 더 검토하고 나서 실행한다. ·····························( )( )

131. 위대한 인물이 되고 싶다. ·····························( )( )

132. 한 번에 많은 일을 떠맡아도 힘들지 않다. ·····························( )( )

133. 사람과 약속은 부담스럽다. ·····························( )( )

YES NO

134. 질문을 받으면 충분히 생각하고 나서 대답하는 편이다. ·····························( )( )

135. 머리를 쓰는 것보다 땀을 흘리는 일이 좋다. ·····························( )( )

136. 결정한 것에는 철저히 구속받는다. ·····························( )( )

137. 아무리 바쁘더라도 자기관리를 위한 운동을 꼭 한다. ·····························( )( )

138. 이왕 할 거라면 일등이 되고 싶다. ·····························( )( )

139. 과감하게 도전하는 타입이다. ·····························( )( )

140. 자신은 사교적이 아니라고 생각한다. ·····························( )( )

141. 무심코 도리에 대해서 말하고 싶어진다. ·····························( )( )

142. 목소리가 큰 편이다. ·····························( )( )

143. 단념하기보다 실패하는 것이 낫다고 생각한다. ·····························( )( )

144. 예상하지 못한 일은 하고 싶지 않다. ·····························( )( )

145. 파란만장하더라도 성공하는 인생을 살고 싶다. ·····························( )( )

146. 활기찬 편이라고 생각한다. ·····························( )( )

147. 자신의 성격으로 고민한 적이 있다. ·····························( )( )

148. 무심코 사람들을 평가 한다. ·····························( )( )

149. 때때로 성급하다고 생각한다. ·····························( )( )

150. 자신은 꾸준히 노력하는 타입이라고 생각한다. ·····························( )( )

151. 터무니없는 생각이라도 메모한다. ·····························( )( )

152. 리더십이 있는 사람이 되고 싶다. ·····························( )( )

153. 열정적인 사람이라고 생각한다. ·····························( )( )

154. 다른 사람 앞에서 이야기를 하는 것이 조심스럽다. ·····························( )( )

155. 세심하기보다 통찰력이 있는 편이다. ·····························( )( )

156. 엉덩이가 가벼운 편이다. ·····························( )( )

157. 여러 가지로 구애받는 것을 견디지 못한다. ·····························( )( )

158. 돌다리도 두들겨 보고 건너는 쪽이 좋다. ·····························( )( )

159. 자신에게는 권력욕이 있다. ·····························( )( )

160. 자신의 능력보다 과중한 업무를 할당받으면 기쁘다. ·····························( )( )

	YES	NO
161. 사색적인 사람이라고 생각한다.	( )	( )
162. 비교적 개혁적이다.	( )	( )
163. 좋고 싫음으로 정할 때가 많다.	( )	( )
164. 전통에 얽매인 습관은 버리는 것이 적절하다.	( )	( )
165. 교제 범위가 좁은 편이다.	( )	( )
166. 발상의 전환을 할 수 있는 타입이라고 생각한다.	( )	( )
167. 주관적인 판단으로 실수한 적이 있다.	( )	( )
168. 현실적이고 실용적인 면을 추구한다.	( )	( )
169. 타고난 능력에 의존하는 편이다.	( )	( )
170. 다른 사람을 의식하여 외모에 신경을 쓴다.	( )	( )
171. 마음이 담겨 있으면 선물은 아무 것이나 좋다.	( )	( )
172. 여행은 내 마음대로 하는 것이 좋다.	( )	( )
173. 추상적인 일에 관심이 있는 편이다.	( )	( )
174. 큰일을 먼저 결정하고 세세한 일을 나중에 결정하는 편이다.	( )	( )
175. 괴로워하는 사람을 보면 답답하다.	( )	( )
176. 자신의 가치기준을 알아주는 사람은 아무도 없다.	( )	( )
177. 인간성이 없는 사람과는 함께 일할 수 없다.	( )	( )
178. 상상력이 풍부한 편이라고 생각한다.	( )	( )
179. 의리, 인정이 두터운 상사를 만나고 싶다.	( )	( )
180. 인생은 앞날을 알 수 없어 재미있다.	( )	( )
181. 조직에서 분위기 메이커다.	( )	( )
182. 반성하는 시간에 차라리 실수를 만회할 방법을 구상한다.	( )	( )
183. 늘 하던 방식대로 일을 처리해야 마음이 편하다.	( )	( )
184. 쉽게 이룰 수 있는 일에는 흥미를 느끼지 못한다.	( )	( )
185. 좋다고 생각하면 바로 행동한다.	( )	( )
186. 후배들은 무섭게 가르쳐야 따라온다.	( )	( )
187. 한 번에 많은 일을 떠맡는 것이 부담스럽다.	( )	( )

	YES	NO
188. 능력 없는 상사라도 진급을 위해 아부할 수 있다.	( )	( )
189. 질문을 받으면 그때의 느낌으로 대답하는 편이다.	( )	( )
190. 땀을 흘리는 것보다 머리를 쓰는 일이 좋다.	( )	( )
191. 단체 규칙에 그다지 구속받지 않는다.	( )	( )
192. 물건을 자주 잃어버리는 편이다.	( )	( )
193. 불만이 생기면 즉시 말해야 한다.	( )	( )
194. 안전한 방법을 고르는 타입이다.	( )	( )
195. 사교성이 많은 사람을 보면 부럽다.	( )	( )
196. 성격이 급한 편이다.	( )	( )
197. 갑자기 중요한 프로젝트가 생기면 혼자서라도 야근할 수 있다.	( )	( )
198. 내 인생에 절대로 포기하는 경우는 없다.	( )	( )
199. 예상하지 못한 일도 해보고 싶다.	( )	( )
200. 평범하고 평온하게 행복한 인생을 살고 싶다.	( )	( )

〉〉 유형 Ⅳ

▌1~15 ▌ 다음 주어진 보기 중에서 자신과 가장 가깝다고 생각하는 것은 'ㄱ'에 표시하고, 자신과 가장 멀다고 생각하는 것은 'ㅁ'에 표시하시오.

1 ① 모임에서 리더에 어울리지 않는다고 생각한다.
② 착실한 노력으로 성공한 이야기를 좋아한다.
③ 어떠한 일에도 의욕이 없이 임하는 편이다.
④ 학급에서는 존재가 두드러졌다.

ㄱ	① ② ③ ④
ㅁ	① ② ③ ④

2 ① 아무것도 생각하지 않을 때가 많다.
② 스포츠는 하는 것보다는 보는 게 좋다.
③ 성격이 급한 편이다.
④ 비가 오지 않으면 우산을 가지고 가지 않는다.

ㄱ	① ② ③ ④
ㅁ	① ② ③ ④

3 ① 1인자보다는 조력자의 역할을 좋아한다.
② 의리를 지키는 타입이다.
③ 리드를 하는 편이다.
④ 남의 이야기를 잘 들어준다.

ㄱ	① ② ③ ④
ㅁ	① ② ③ ④

4 ① 여유 있게 대비하는 타입이다.
② 업무가 진행 중이라도 야근을 하지 않는다.
③ 즉흥적으로 약속을 잡는다.
④ 노력하는 과정이 결과보다 중요하다.

ㄱ	① ② ③ ④
ㅁ	① ② ③ ④

5

① 무리해서 행동할 필요는 없다.
② 유행에 민감하다고 생각한다.
③ 정해진 대로 움직이는 편이 안심된다.
④ 현실을 직시하는 편이다.

ㄱ	① ② ③ ④
ㅁ	① ② ③ ④

6

① 자유보다 질서를 중요시하는 편이다.
② 사람들과 이야기하는 것을 좋아한다.
③ 경험에 비추어 판단하는 편이다.
④ 영화나 드라마는 각본의 완성도나 화면구성에 주목한다.

ㄱ	① ② ③ ④
ㅁ	① ② ③ ④

7

① 혼자 자유롭게 생활하는 것이 편하다.
② 다른 사람의 소문에 관심이 많다.
③ 실무적인 편이다.
④ 비교적 냉정한 편이다.

ㄱ	① ② ③ ④
ㅁ	① ② ③ ④

8

① 협조성이 있다고 생각한다.
② 친한 친구의 휴대폰 번호는 대부분 외운다.
③ 정해진 순서에 따르는 것을 좋아한다.
④ 이성적인 사람으로 남고 싶다.

ㄱ	① ② ③ ④
ㅁ	① ② ③ ④

9

① 단체 생활을 잘 한다.
② 세상의 일에 관심이 많다.
③ 안정을 추구하는 편이다.
④ 도전하는 것이 즐겁다.

ㄱ	① ② ③ ④
ㅁ	① ② ③ ④

10

① 되도록 환경은 변하지 않는 것이 좋다.
② 밝은 성격이다.
③ 지나간 일에 연연하지 않는다.
④ 활동범위가 좁은 편이다.

ㄱ	① ② ③ ④
ㅁ	① ② ③ ④

11

① 자신을 시원시원한 사람이라고 생각한다.
② 좋다고 생각하면 바로 행동한다.
③ 세상에 필요한 사람이 되고 싶다.
④ 한 번에 많은 일을 떠맡는 것은 골칫거리라고 생각한다.

ㄱ	① ② ③ ④
ㅁ	① ② ③ ④

12

① 사람과 만나는 것이 즐겁다.
② 질문을 받으면 그때의 느낌으로 대답하는 편이다.
③ 땀을 흘리는 것보다 머리를 쓰는 일이 좋다.
④ 이미 결정된 것이라도 그다지 구속받지 않는다.

ㄱ	① ② ③ ④
ㅁ	① ② ③ ④

13

① 외출시 문을 잠갔는지 잘 확인하지 않는다.
② 권력욕이 있다.
③ 안전책을 고르는 타입이다.
④ 자신이 사교적이라고 생각한다.

ㄱ	① ② ③ ④
ㅁ	① ② ③ ④

14

① 예절 · 규칙 · 법 따위에 민감하다.
② '참 착하네요'라는 말을 자주 듣는다.
③ 내가 즐거운 것이 최고다.
④ 누구도 예상하지 못한 일을 해보고 싶다.

ㄱ	① ② ③ ④
ㅁ	① ② ③ ④

15

① 평범하고 평온하게 행복한 인생을 살고 싶다.
② 모험하는 것이 좋다.
③ 특별히 소극적이라고 생각하지 않는다.
④ 이것저것 평하는 것이 싫다.

ㄱ	① ② ③ ④
ㅁ	① ② ③ ④

〉〉 유형 V

▌1~20▐ 다음 중 자신이 선호하는 도형의 형태를 고르시오.

1.	
2.	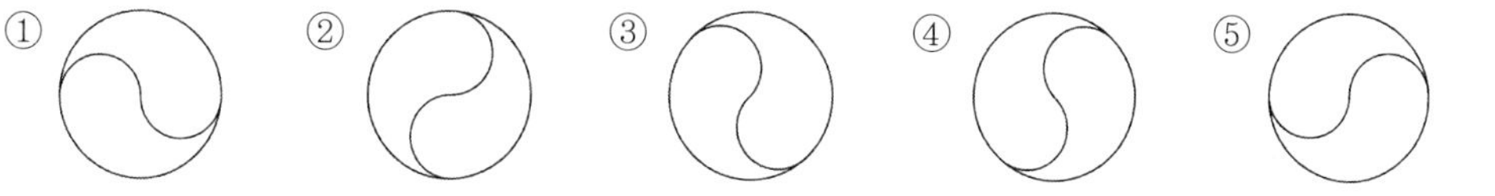
3.	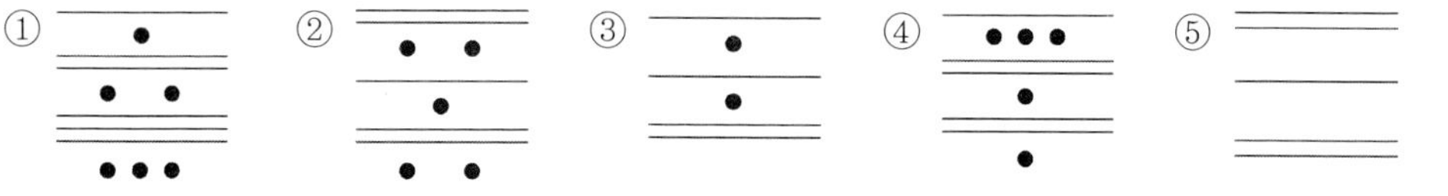
4.	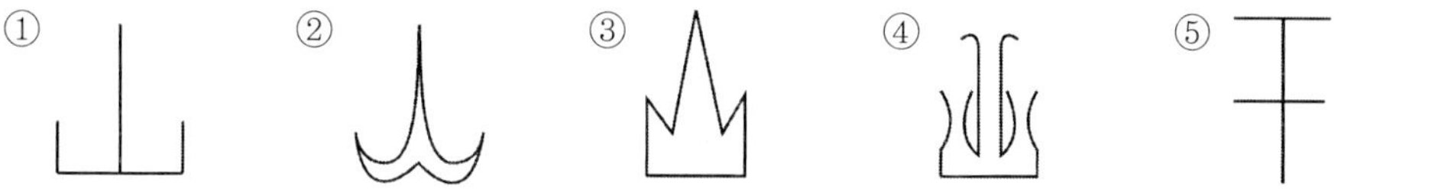
5.	
6.	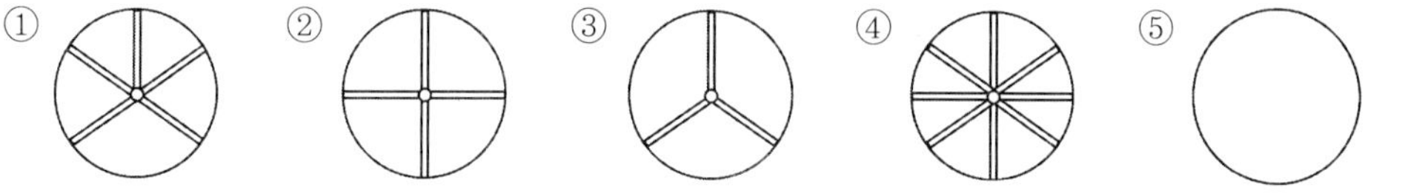
7.	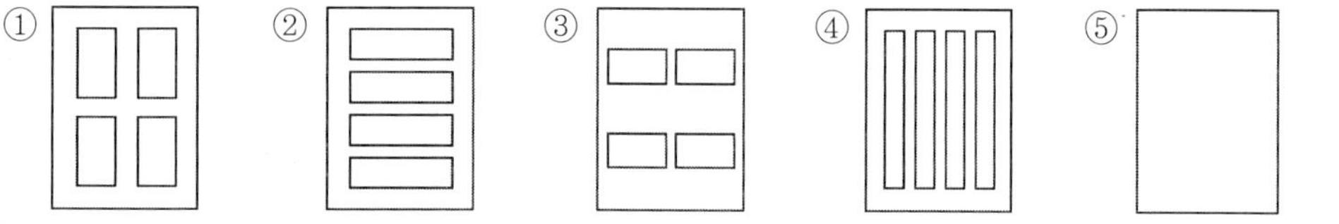
8.	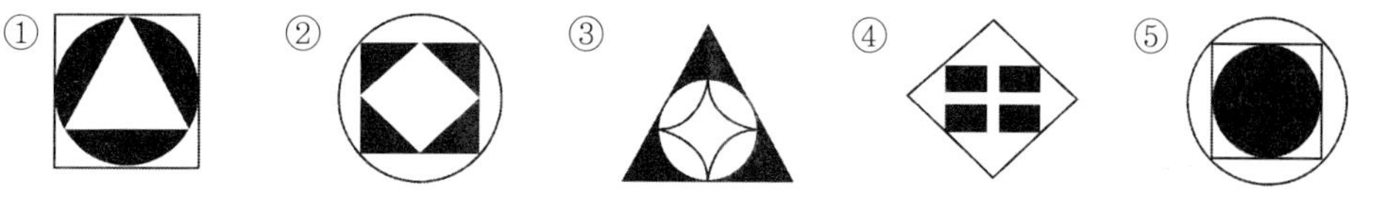
9.	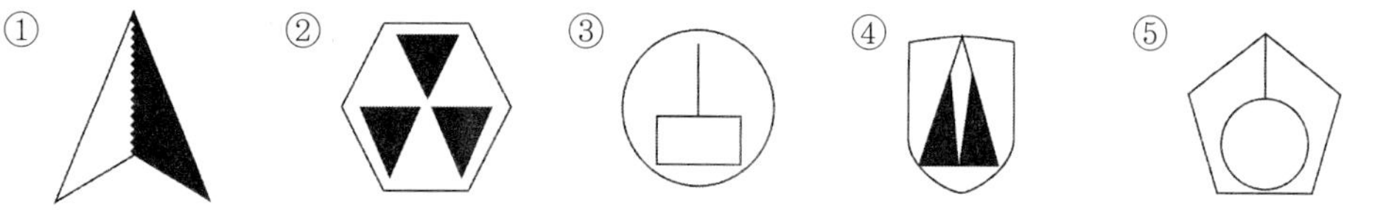

10.	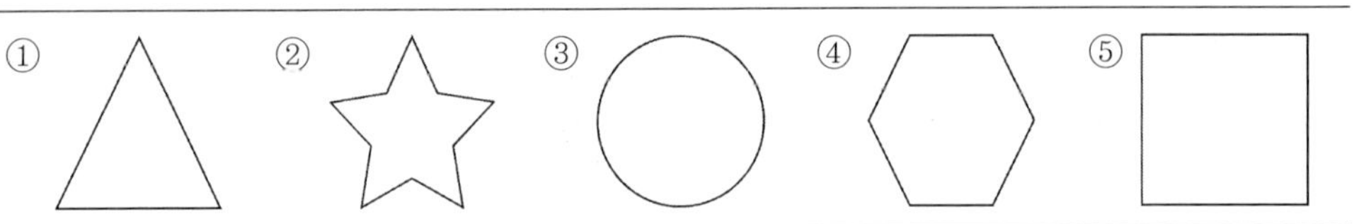
11.	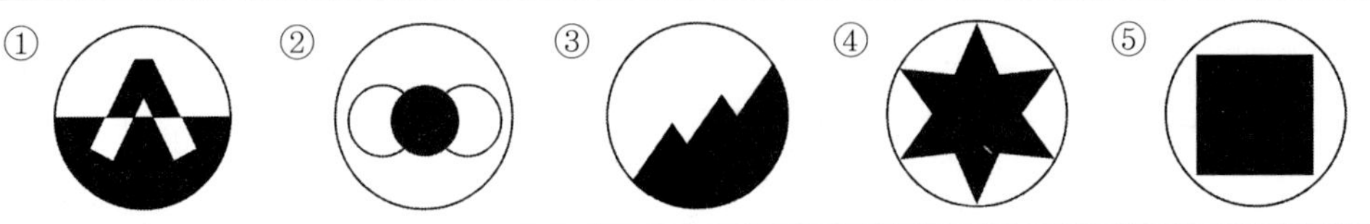
12.	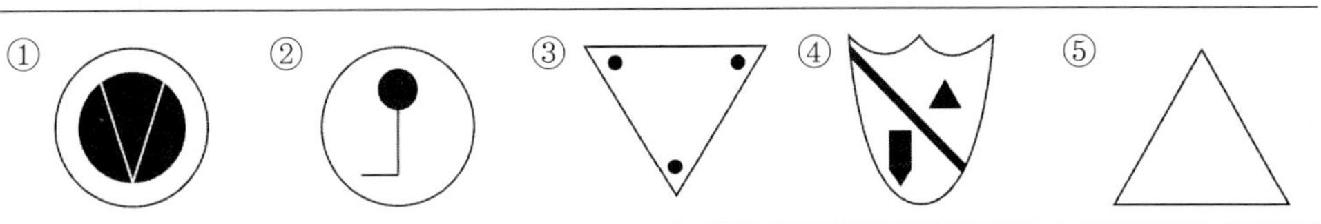
13.	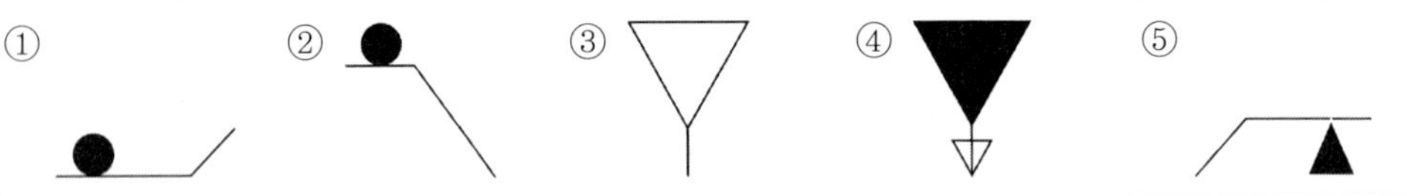
14.	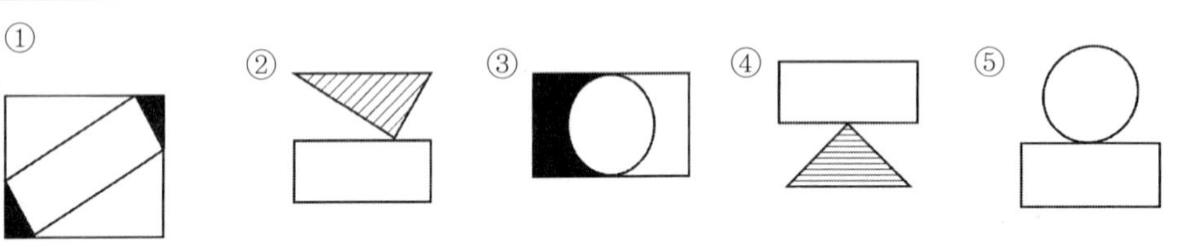
15.	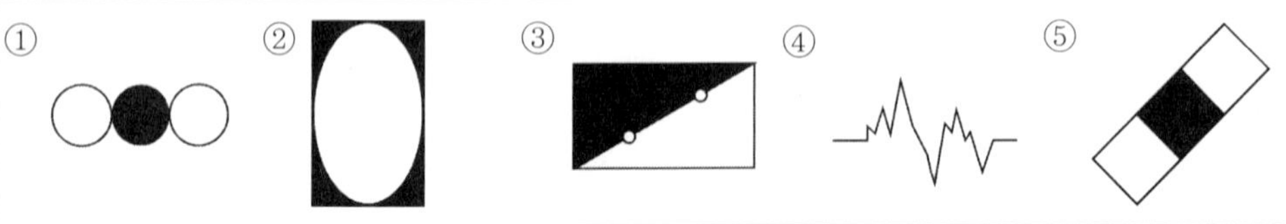
16.	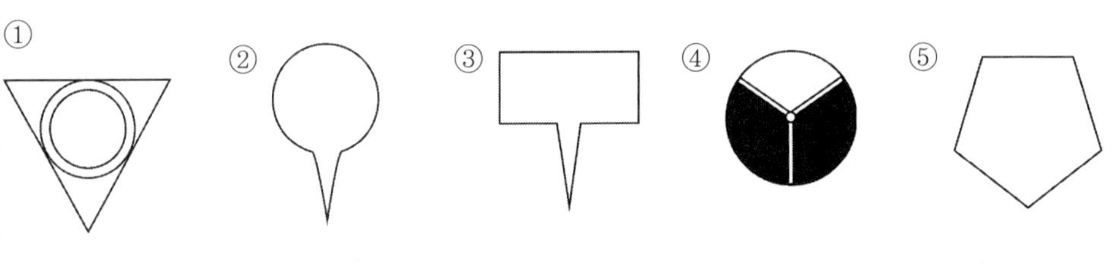
17.	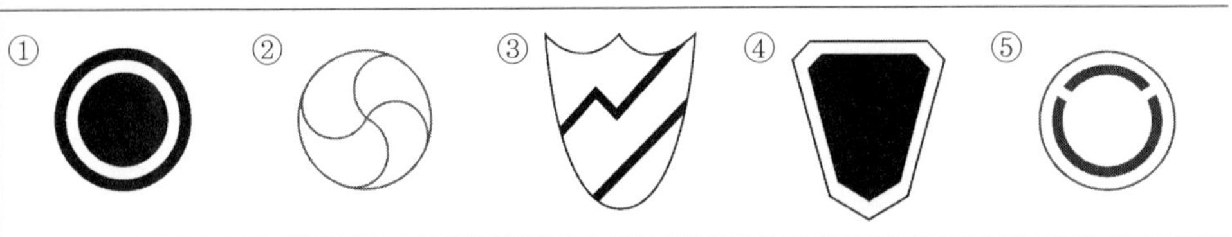

18.	① 	② 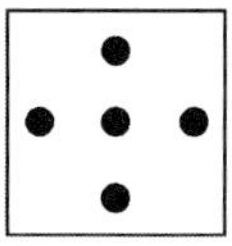	③ 	④ 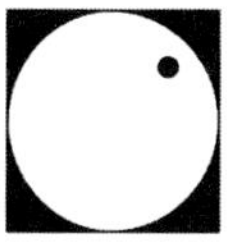	⑤ 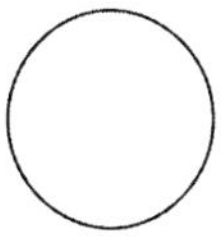
19.	① 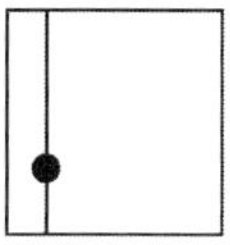	② 	③ 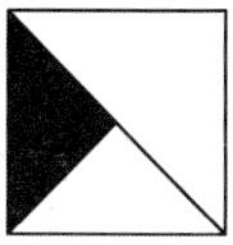	④ 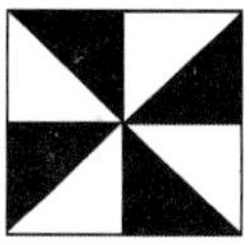	⑤ 
20.	① 	② 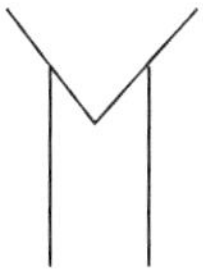	③ 	④ 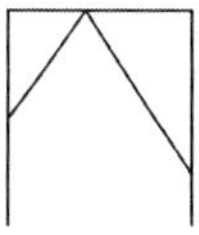	⑤ 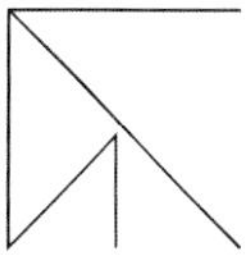

PART IV

면접

01 면접의 기본

1 면접 준비

(1) 면접의 기본 원칙

① **면접의 의미** … 면접이란 다양한 면접기법을 활용하여 지원한 직무에 필요한 능력을 지원자가 보유하고 있는지를 확인하는 절차라고 할 수 있다. 즉, 지원자의 입장에서는 채용 직무수행에 필요한 요건들과 관련하여 자신의 환경, 경험, 관심사, 성취 등에 대해 기업에 직접 어필할 수 있는 기회를 제공받는 것이며, 기업의 입장에서는 서류전형만으로 알 수 없는 지원자에 대한 정보를 직접적으로 수집하고 평가하는 것이다.

② **면접의 특징** … 면접은 기업의 입장에서 서류전형이나 필기전형에서 드러나지 않는 지원자의 능력이나 성향을 볼 수 있는 기회로, 면대면으로 이루어지며 즉흥적인 질문들이 포함될 수 있기 때문에 지원자가 완벽하게 준비하기 어려운 부분이 있다. 하지만 지원자 입장에서도 서류전형이나 필기전형에서 모두 보여주지 못한 자신의 능력 등을 기업의 인사담당자에게 어필할 수 있는 추가적인 기회가 될 수도 있다.

[서류 · 필기전형과 차별화되는 면접의 특징]

- 직무수행과 관련된 다양한 지원자 행동에 대한 관찰이 가능하다.
- 면접관이 알고자 하는 정보를 심층적으로 파악할 수 있다.
- 서류상의 미비한 사항과 의심스러운 부분을 확인할 수 있다.
- 커뮤니케이션 능력, 대인관계 능력 등 행동 · 언어적 정보도 얻을 수 있다.

③ 면접의 유형

㉠ **구조화 면접**: 구조화 면접은 사전에 계획을 세워 질문의 내용과 방법, 지원자의 답변 유형에 따른 추가 질문과 그에 대한 평가 역량이 정해져 있는 면접 방식으로 표준화 면접이라고도 한다.

- 표준화된 질문이나 평가요소가 면접 전 확정되며, 지원자는 편성된 조나 면접관에 영향을 받지 않고 동일한 질문과 시간을 부여받을 수 있다.

- 조직 또는 직무별로 주요하게 도출된 역량을 기반으로 평가요소가 구성되어, 조직 또는 직무에서 필요한 역량을 가진 지원자를 선발할 수 있다.
- 표준화된 형식을 사용하는 특성 때문에 비구조화 면접에 비해 신뢰성과 타당성, 객관성이 높다.

㉡ **비구조화 면접** : 비구조화 면접은 면접 계획을 세울 때 면접 목적만을 명시하고 내용이나 방법은 면접관에게 전적으로 일임하는 방식으로 비표준화 면접이라고도 한다.

- 표준화된 질문이나 평가요소 없이 면접이 진행되며, 편성된 조나 면접관에 따라 지원자에게 주어지는 질문이나 시간이 다르다.
- 면접관의 주관적인 판단에 따라 평가가 이루어져 평가 오류가 빈번히 일어난다.
- 상황 대처나 언변이 뛰어난 지원자에게 유리한 면접이 될 수 있다.

④ 경쟁력 있는 면접 요령

㉠ 면접 전에 준비하고 유념할 사항

- 예상 질문과 답변을 미리 작성한다.
- 작성한 내용을 문장으로 외우지 않고 키워드로 기억한다.
- 지원한 회사의 최근 기사를 검색하여 기억한다.
- 지원한 회사가 속한 산업군의 최근 기사를 검색하여 기억한다.
- 면접 전 1주일간 이슈가 되는 뉴스를 기억하고 자신의 생각을 반영하여 정리한다.
- 찬반토론에 대비한 주제를 목록으로 정리하여 자신의 논리를 내세운 예상답변을 작성한다.

㉡ 면접장에서 유념할 사항

- 질문의 의도 파악 : 답변을 할 때에는 질문 의도를 파악하고 그에 충실한 답변이 될 수 있도록 질문사항을 유념해야 한다. 많은 지원자가 하는 실수 중 하나로 답변을 하는 도중 자기 말에 심취되어 질문의 의도와 다른 답변을 하거나 자신이 알고 있는 지식만을 나열하는 경우가 있는데, 이럴 경우 의사소통능력이 부족한 사람으로 인식될 수 있으므로 주의하도록 한다.
- 답변은 두괄식 : 답변을 할 때에는 두괄식으로 결론을 먼저 말하고 그 이유를 설명하는 것이 좋다. 미괄식으로 답변을 할 경우 용두사미의 답변이 될 가능성이 높으며, 결론을 이끌어 내는 과정에서 논리성이 결여될 우려가 있다. 또한 면접관이 결론을 듣기 전에 말을 끊고 다른 질문을 추가하는 예상치 못한 상황이 발생될 수 있으므로 답변은 자신이 전달하고자 하는 바를 먼저 밝히고 그에 대한 설명을 하는 것이 좋다.

• 지원한 회사의 기업정신과 인재상을 기억 : 답변을 할 때에는 회사가 원하는 인재라는 인상을 심어주기 위해 지원한 회사의 기업정신과 인재상 등을 염두에 두고 답변을 하는 것이 좋다. 모든 회사에 해당되는 두루뭉술한 답변보다는 지원한 회사에 맞는 맞춤형 답변을 하는 것이 좋다.
• 나보다는 회사와 사회적 관점에서 답변 : 답변을 할 때에는 자기중심적인 관점을 피하고 좀 더 넓은 시각으로 회사와 국가, 사회적 입장까지 고려하는 인재임을 어필하는 것이 좋다. 자기중심적 시각을 바탕으로 자신의 출세만을 위해 회사에 입사하려는 인상을 심어줄 경우 면접에서 불이익을 받을 가능성이 높다.
• 난처한 질문은 정직한 답변 : 난처한 질문에 답변을 해야 할 때에는 피하기보다는 정면돌파로 정직하고 솔직하게 답변하는 것이 좋다. 난처한 부분을 감추고 드러내지 않으려 회피하려는 지원자의 모습은 인사담당자에게 입사 후에도 비슷한 상황에 처했을 때 회피할 수도 있다는 우려를 심어줄 수 있다. 따라서 직장생활에 있어 중요한 덕목 중 하나인 정직을 바탕으로 솔직하게 답변을 하도록 한다.

(2) 면접의 종류 및 준비 전략

① 인성면접

㉠ 면접 방식 및 판단기준

• 면접 방식 : 인성면접은 면접관이 가지고 있는 개인적 면접 노하우나 관심사에 의해 질문을 실시한다. 주로 입사지원서나 자기소개서의 내용을 토대로 지원동기, 과거의 경험, 미래 포부 등을 이야기하도록 하는 방식이다.
• 판단기준 : 면접관의 개인적 가치관과 경험, 해당 역량의 수준, 경험의 구체성 · 진실성 등

㉡ 특징 : 인성면접은 그 방식으로 인해 역량과 무관한 질문들이 많고 지원자에게 주어지는 면접질문, 시간 등이 다를 수 있다. 또한 입사지원서나 자기소개서의 내용을 토대로 하기 때문에 지원자별 질문이 달라질 수 있다.

ㄷ 예시 문항 및 준비전략

- 예시 문항

> • 3분 동안 자기소개를 해 보십시오.
> • 자신의 장점과 단점을 말해 보십시오.
> • 학점이 좋지 않은데 그 이유가 무엇입니까?
> • 최근에 인상 깊게 읽은 책은 무엇입니까?
> • 회사를 선택할 때 중요시하는 것은 무엇입니까?
> • 일과 개인생활 중 어느 쪽을 중시합니까?
> • 10년 후 자신은 어떤 모습일 것이라고 생각합니까?
> • 휴학 기간 동안에는 무엇을 했습니까?

- 준비전략 : 인성면접은 입사지원서나 자기소개서의 내용을 바탕으로 하는 경우가 많으므로 자신이 작성한 입사지원서와 자기소개서의 내용을 충분히 숙지하도록 한다. 또한 최근 사회적으로 이슈가 되고 있는 뉴스에 대한 견해를 묻거나 시사상식 등에 대한 질문을 받을 수 있으므로 이에 대한 대비도 필요하다. 자칫 부담스러워 보이지 않는 질문으로 가볍게 대답하지 않도록 주의하고 모든 질문에 입사 의지를 담아 성실하게 답변하는 것이 중요하다.

② 발표면접

ㄱ 면접 방식 및 판단기준

- 면접 방식 : 지원자가 특정 주제와 관련된 자료를 검토하고 그에 대한 자신의 생각을 면접관 앞에서 주어진 시간 동안 발표하고 추가 질의를 받는 방식으로 진행된다.
- 판단기준 : 지원자의 사고력, 논리력, 문제해결력 등

ㄴ 특징 : 발표면접은 지원자에게 과제를 부여한 후, 과제를 수행하는 과정과 결과를 관찰 · 평가한다. 따라서 과제수행 결과뿐 아니라 수행과정에서의 행동을 모두 평가할 수 있다.

㉢ 예시 문항 및 준비전략

• 예시 문항

[신입사원 조기 이직 문제]

※ 지원자는 아래에 제시된 자료를 검토한 뒤, 신입사원 조기 이직의 원인을 크게 3가지로 정리하고 이에 대한 구체적인 개선안을 도출하여 발표해 주시기 바랍니다.

※ 본 과제에 정해진 정답은 없으나 논리적 근거를 들어 개선안을 작성해 주십시오.

• A기업은 동종업계 유사기업들과 비교해 볼 때, 비교적 높은 재무안정성을 유지하고 있으며 업무강도가 그리 높지 않은 것으로 외부에 알려져 있음.
• 최근 조사결과, 동종업계 유사기업들과 연봉을 비교해 보았을 때 연봉 수준도 그리 나쁘지 않은 편이라는 것이 확인되었음.
• 그러나 지난 3년간 1~2년차 직원들의 이직률이 계속해서 증가하고 있는 추세이며, 경영진 회의에서 최우선 해결과제 중 하나로 거론되었음.
• 이에 따라 인사팀에서 현재 1~2년차 사원들을 대상으로 개선되어야 하는 A기업의 조직문화에 대한 설문조사를 실시한 결과, '상명하복식의 의사소통'이 36.7%로 1위를 차지했음.
• 이러한 설문조사와 함께, 신입사원 조기 이직에 대한 원인을 분석한 결과 파랑새 증후군, 셀프홀릭 증후군, 피터팬 증후군 등 3가지로 분류할 수 있었음.

〈동종업계 유사기업들과의 연봉 비교〉

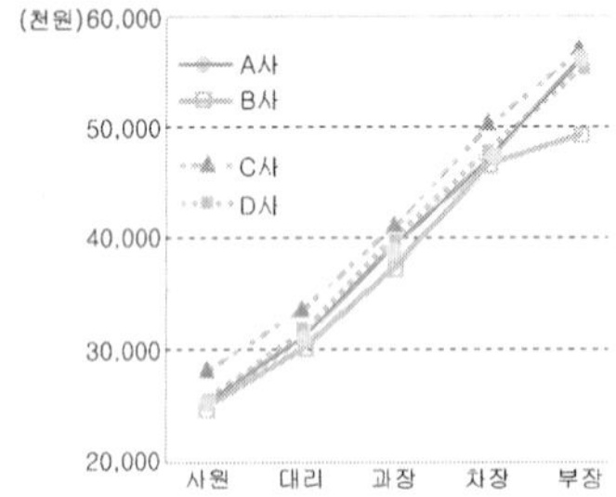

〈우리 회사 조직문화 중 개선되었으면 하는 것〉

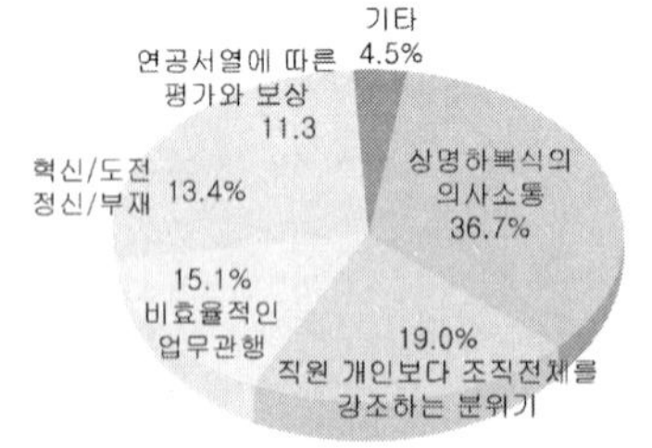

〈신입사원 조기 이직의 원인〉

• 파랑새 증후군
–현재의 직장보다 더 좋은 직장이 있을 것이라는 막연한 기대감으로 끊임없이 새로운 직장을 탐색함.
–학력 수준과 맞지 않는 '하향지원', 전공과 적성을 고려하지 않고 일단 취업하고 보자는 '묻지마 지원'이 파랑새 증후군을 초래함.

• 셀프홀릭 증후군
–본인의 역량에 비해 가치가 낮은 일을 주로 하면서 갈등을 느낌.

• 피터팬 증후군
–기성세대의 문화를 무조건 수용하기보다는 자유로움과 변화를 추구함.
–상명하복, 엄격한 규율 등 기성세대가 당연시하는 관행에 거부감을 가지며 직장에 답답함을 느낌.

• 준비전략 : 발표면접의 시작은 과제 안내문과 과제 상황, 과제 자료 등을 정확하게 이해하는 것에서 출발한다. 과제 안내문을 침착하게 읽고 제시된 주제 및 문제와 관련된 상황의 맥락을 파악한 후 과제를 검토한다. 제시된 기사나 그래프 등을 충분히 활용하여 주어진 문제를 해결할 수 있는 해결책이나 대안을 제시하며, 발표를 할 때에는 명확하고 자신 있는 태도로 전달할 수 있도록 한다.

③ 토론면접

㉠ 면접 방식 및 판단기준

• 면접 방식 : 상호갈등적 요소를 가진 과제 또는 공통의 과제를 해결하는 내용의 토론 과제를 제시하고, 그 과정에서 개인 간의 상호작용 행동을 관찰하는 방식으로 면접이 진행된다.

• 판단기준 : 팀워크, 적극성, 갈등 조정, 의사소통능력, 문제해결능력 등

㉡ 특징 : 토론을 통해 도출해 낸 최종안의 타당성도 중요하지만, 결론을 도출해 내는 과정에서의 의사소통능력이나 갈등상황에서 의견을 조정하는 능력 등이 중요하게 평가되는 특징이 있다.

㉢ 예시 문항 및 준비전략

• 예시 문항

> • 군 가산점제 부활에 대한 찬반토론
> • 담뱃값 인상에 대한 찬반토론
> • 비정규직 철폐에 대한 찬반토론
> • 대학의 영어 강의 확대 찬반토론
> • 워크숍 장소 선정을 위한 토론

• 준비전략 : 토론면접은 무엇보다 팀워크와 적극성이 강조된다. 따라서 토론과정에 적극적으로 참여하며 자신의 의사를 분명하게 전달하며, 갈등상황에서 자신의 의견만 내세울 것이 아니라 다른 지원자의 의견을 경청하고 배려하는 모습도 중요하다. 갈등상황을 일목요연하게 정리하여 조정하는 등의 의사소통능력을 발휘하는 것도 좋은 전략이 될 수 있다.

④ 상황면접

㉠ 면접 방식 및 판단기준

• 면접 방식 : 상황면접은 직무 수행 시 접할 수 있는 상황들을 제시하고, 그러한 상황에서 어떻게 행동할 것인지를 이야기하는 방식으로 진행된다.

• 판단기준 : 해당 상황에 적절한 역량의 구현과 구체적 행동지표

㉡ **특징** : 실제 직무 수행 시 접할 수 있는 상황들을 제시하므로 입사 이후 지원자의 업무수행능력을 평가하는 데 적절한 면접 방식이다. 또한 지원자의 가치관, 태도, 사고방식 등의 요소를 통합적으로 평가하는 데 용이하다.

㉢ **예시 문항 및 준비전략**

• 예시 문항

> 당신은 생산관리팀의 팀원으로, 생산팀이 기한에 맞춰 효율적으로 제품을 생산할 수 있도록 관리하는 역할을 맡고 있습니다. 3개월 뒤에 제품A를 정상적으로 출시하기 위해 생산팀의 생산 계획을 수립한 상황입니다. 그러나 원가가 곧 실적으로 이어지는 구매팀에서는 최대한 원가를 줄여 전반적 단가를 낮추려고 원가절감을 위한 제안을 하였으나, 연구개발팀에서는 구매팀이 제안한 방식으로 제품을 생산할 경우 대부분이 구매팀의 실적으로 산정될 것이므로 제대로 확인도 해보지 않은 채 적합하지 않은 방식이라고 판단하고 있습니다. 당신은 어떻게 하겠습니까?

• 준비전략 : 상황면접은 먼저 주어진 상황에서 핵심이 되는 문제가 무엇인지를 파악하는 것에서 시작한다. 주질문과 세부질문을 통하여 질문의 의도를 파악하였다면, 그에 대한 구체적인 행동이나 생각 등에 대해 응답할수록 높은 점수를 얻을 수 있다.

⑤ **역할면접**

㉠ **면접 방식 및 판단기준**

• 면접 방식 : 역할면접 또는 역할연기 면접은 기업 내 발생 가능한 상황에서 부딪히게 되는 문제와 역할을 가상적으로 설정하여 특정 역할을 맡은 사람과 상호작용하고 문제를 해결해 나가도록 하는 방식으로 진행된다. 역할연기 면접에서는 면접관이 직접 역할연기를 하면서 지원자를 관찰하기도 하지만, 역할연기 수행만 전문적으로 하는 사람을 투입할 수도 있다.

• 판단기준 : 대처능력, 대인관계능력, 의사소통능력 등

㉡ **특징** : 역할면접은 실제 상황과 유사한 가상 상황에서의 행동을 관찰함으로서 지원자의 성격이나 대처 행동 등을 관찰할 수 있다.

㉢ **예시 문항 및 준비전략**

• 예시 문항

> [금융권 역할면접의 예]
> 당신은 ○○은행의 신입 텔러이다. 사람이 많은 월말 오전 한 할아버지(면접관 또는 역할담당자)께서 ○○은행을 사칭한 보이스피싱으로 500만 원을 피해 보았다며 소란을 일으키고 있다. 실제 업무상황이라고 생각하고 상황에 대처해 보시오.

• 준비전략 : 역할연기 면접에서 측정하는 역량은 주로 갈등의 원인이 되는 문제를 해결하고 제시된 해결방안을 상대방에게 설득하는 것이다. 따라서 갈등해결, 문제해결, 조정 · 통합, 설득력과 같은 역량이 중요시된다. 또한 갈등을 해결하기 위해서 상대방에 대한 이해도 필수적인 요소이므로 고객 지향을 염두에 두고 상황에 맞게 대처해야 한다.
역할면접에서는 변별력을 높이기 위해 면접관이 압박적인 분위기를 조성하는 경우가 많기 때문에 스트레스 상황에서 불안해하지 않고 유연하게 대처할 수 있도록 시간과 노력을 들여 충분히 연습하는 것이 좋다.

2 면접 이미지 메이킹

(1) 성공적인 이미지 메이킹 포인트

① 복장 및 스타일

㉠ 남성

• 양복 : 양복은 단색으로 하며 넥타이나 셔츠로 포인트를 주는 것이 효과적이다. 짙은 회색이나 감청색이 가장 단정하고 품위 있는 인상을 준다.
• 셔츠 : 흰색이 가장 선호되나 자신의 피부색에 맞추는 것이 좋다. 푸른색이나 베이지색은 산뜻한 느낌을 줄 수 있다. 양복과의 배색도 고려하도록 한다.
• 넥타이 : 의상에 포인트를 줄 수 있는 아이템이지만 너무 화려한 것은 피한다. 지원자의 피부색은 물론, 정장과 셔츠의 색을 고려하며, 체격에 따라 넥타이 폭을 조절하는 것이 좋다.
• 구두 & 양말 : 구두는 검정색이나 짙은 갈색이 어느 양복에나 무난하게 어울리며 깔끔하게 닦아 준비한다. 양말은 정장과 동일한 색상이나 검정색을 착용한다.
• 헤어스타일 : 머리스타일은 단정한 느낌을 주는 짧은 헤어스타일이 좋으며 앞머리가 있다면 이마나 눈썹을 가리지 않는 선에서 정리하는 것이 좋다.

ⓒ 여성

- 의상 : 단정한 스커트 투피스 정장이나 슬랙스 슈트가 무난하다. 블랙이나 그레이, 네이비, 브라운 등 차분해 보이는 색상을 선택하는 것이 좋다.
- 소품 : 구두, 핸드백 등은 같은 계열로 코디하는 것이 좋으며 구두는 너무 화려한 디자인이나 굽이 높은 것을 피한다. 스타킹은 의상과 구두에 맞춰 단정한 것으로 선택한다.
- 액세서리 : 액세서리는 너무 크거나 화려한 것은 좋지 않으며 과하게 많이 하는 것도 좋은 인상을 주지 못한다. 착용하지 않거나 작고 깔끔한 디자인으로 포인트를 주는 정도가 적당하다.
- 메이크업 : 화장은 자연스럽고 밝은 이미지를 표현하는 것이 좋으며 진한 색조는 인상이 강해 보일 수 있으므로 피한다.
- 헤어스타일 : 커트나 단발처럼 짧은 머리는 활동적이면서도 단정한 이미지를 줄 수 있도록 정리한다. 긴 머리의 경우 하나로 묶거나 단정한 머리망으로 정리하는 것이 좋으며, 짙은 염색이나 화려한 웨이브는 피한다.

② 인사

㉠ 인사의 의미 : 인사는 예의범절의 기본이며 상대방의 마음을 여는 기본적인 행동이라고 할 수 있다. 인사는 처음 만나는 면접관에게 호감을 살 수 있는 가장 쉬운 방법이 될 수 있기도 하지만 제대로 예의를 지키지 않으면 지원자의 인성 전반에 대한 평가로 이어질 수 있으므로 각별히 주의해야 한다.

ⓒ 인사의 핵심 포인트

- 인사말 : 인사말을 할 때에는 밝고 친근감 있는 목소리로 하며, 자신의 이름과 수험번호 등을 간략하게 소개한다.
- 시선 : 인사는 상대방의 눈을 보며 하는 것이 중요하며 너무 빤히 쳐다본다는 느낌이 들지 않도록 주의한다.
- 표정 : 인사는 마음에서 우러나오는 존경이나 반가움을 표현하고 예의를 차리는 것이므로 살짝 미소를 지으며 하는 것이 좋다.
- 자세 : 인사를 할 때에는 가볍게 목만 숙인다거나 흐트러진 상태에서 인사를 하지 않도록 주의하며 절도 있고 확실하게 하는 것이 좋다.

③ 시선처리와 표정, 목소리

㉠ 시선처리와 표정 : 표정은 면접에서 지원자의 첫인상을 결정하는 중요한 요소이다. 얼굴 표정은 사람의 감정을 가장 잘 표현할 수 있는 의사소통 도구로 표정 하나로 상대방에게 호감을 주거나, 비호감을 사기도 한다. 호감이 가는 인상의 특징은 부드러운 눈썹, 자연스러운 미간, 적당히 볼록한 광대, 올라간 입 꼬리 등으로 가볍게 미소를 지을 때의 표정과 일치한다. 따라서 면접 중에는 밝은 표정으로 미소를 지어 호감을 형성할 수 있도록 한다. 시선은 면접관과 고르게 맞추되 생기 있는 눈빛을 띄도록 하며, 너무 빤히 쳐다본다는 인상을 주지 않도록 한다.

㉡ 목소리 : 면접은 주로 면접관과 지원자의 대화로 이루어지므로 목소리가 미치는 영향이 상당하다. 답변을 할 때에는 부드러우면서도 활기차고 생동감 있는 목소리로 하는 것이 면접관에게 호감을 줄 수 있으며 적당한 제스처가 더해진다면 상승효과를 얻을 수 있다. 그러나 적절한 답변을 하였음에도 불구하고 콧소리나 날카로운 목소리, 자신감 없는 작은 목소리는 답변의 신뢰성을 떨어뜨릴 수 있으므로 주의하도록 한다.

④ 자세

㉠ 걷는 자세

- 면접장에 입실할 때에는 상체를 곧게 유지하고 발끝은 평행이 되게 하며 무릎을 스치듯 11자로 걷는다.
- 시선은 정면을 향하고 턱은 가볍게 당기며 어깨나 엉덩이가 흔들리지 않도록 주의한다.
- 발바닥 전체가 닿는 느낌으로 안정감 있게 걸으며 발소리가 나지 않도록 주의한다.
- 보폭은 어깨넓이만큼이 적당하지만, 스커트를 착용했을 경우 보폭을 줄인다.
- 걸을 때도 미소를 유지한다.

㉡ 서있는 자세

- 몸 전체를 곧게 펴고 가슴을 자연스럽게 내민 후 등과 어깨에 힘을 주지 않는다.
- 정면을 바라본 상태에서 턱을 약간 당기고 아랫배에 힘을 주어 당기며 바르게 선다.
- 양 무릎과 발뒤꿈치는 붙이고 발끝은 11자 또는 V형을 취한다.
- 남성의 경우 팔을 자연스럽게 내리고 양손을 가볍게 쥐어 바지 옆선에 붙이고, 여성의 경우 공수자세를 유지한다.

㉢ 앉은 자세

• 남성

> • 의자 깊숙이 앉고 등받이와 등 사이에 주먹 1개 정도의 간격을 두며 기대듯 앉지 않도록 주의한다. (남녀 공통 사항)
> • 무릎 사이에 주먹 2개 정도의 간격을 유지하고 발끝은 11자를 취한다.
> • 시선은 정면을 바라보며 턱은 가볍게 당기고 미소를 짓는다. (남녀 공통 사항)
> • 양손은 가볍게 주먹을 쥐고 무릎 위에 올려놓는다.
> • 앉고 일어날 때에는 자세가 흐트러지지 않도록 주의한다. (남녀 공통 사항)

• 여성

> • 스커트를 입었을 경우 왼손으로 뒤쪽 스커트 자락을 누르고 오른손으로 앞쪽 자락을 누르며 의자에 앉는다.
> • 무릎은 붙이고 발끝을 가지런히 하며, 다리를 왼쪽으로 비스듬히 기울이면 여성스러워 보이는 효과가 있다.
> • 양손을 모아 무릎 위에 모아 놓으며 스커트를 입었을 경우 스커트 위를 가볍게 누르듯이 올려놓는다.

(2) 면접 예절

① 행동 관련 예절

㉠ **지각은 절대금물** : 시간을 지키는 것은 예절의 기본이다. 지각을 할 경우 면접에 응시할 수 없거나, 면접 기회가 주어지더라도 불이익을 받을 가능성이 높아진다. 따라서 면접 장소가 결정되면 교통편과 소요시간을 확인하고 가능하다면 사전에 미리 방문해 보는 것도 좋다. 면접 당일에는 서둘러 출발하여 면접 시간 20～30분 전에 도착하여 회사를 둘러보고 환경에 익숙해지는 것도 성공적인 면접을 위한 요령이 될 수 있다.

㉡ **면접 대기 시간** : 지원자들은 대부분 면접장에서의 행동과 답변 등으로만 평가를 받는다고 생각하지만 그렇지 않다. 면접관이 아닌 면접진행자 역시 대부분 인사실무자이며 면접관이 면접 후 지원자에 대한 평가에 있어 확신을 위해 면접진행자의 의견을 구한다면 면접진행자의 의견이 당락에 영향을 줄 수 있다. 따라서 면접 대기 시간에도 행동과 말을 조심해야 하며, 면접을 마치고 돌아가는 순간까지도 긴장을 늦춰서는 안 된다. 면접 중 압박적인 질문에 답변을 잘 했지만, 면접장을 나와 흐트러진 모습을 보이거나 욕설을 한다면 면접 탈락의 요인이 될 수 있으므로 주의해야 한다.

㉢ **입실 후 태도** : 본인의 차례가 되어 호명되면 또렷하게 대답하고 들어간다. 만약 면접장 문이 닫혀 있다면 상대에게 소리가 들릴 수 있을 정도로 노크를 두세 번 한 후 대답을 듣고 나서 들어가야 한다. 문을 여닫을 때에는 소리가 나지 않게 조용히 하며 공손한 자세로 인사한 후 성명과 수험번호를 말하고 면접관의 지시에 따라 자리에 앉는다. 이 경우 착석하라는 말이 없는데 먼저 의자에 앉으면 무례한 사람으로 보일 수 있으므로 주의한다. 의자에 앉을 때에는 끝에 앉지 말고 무릎 위에 양손을 가지런히 얹는 것이 예절이라고 할 수 있다.

㉣ **옷매무새를 자주 고치지 마라.** : 일부 지원자의 경우 옷매무새 또는 헤어스타일을 자주 고치거나 확인하기도 하는데 이러한 모습은 과도하게 긴장한 것 같아 보이거나 면접에 집중하지 못하는 것으로 보일 수 있다. 남성 지원자의 경우 넥타이를 자꾸 고쳐 맨다거나 정장 상의 끝을 너무 자주 만지작거리지 않는다. 여성 지원자는 머리를 계속 쓸어 올리지 않고, 특히 짧은 치마를 입고서 신경이 쓰여 치마를 끌어 내리는 행동은 좋지 않다.

㉤ **다리를 떨거나 산만한 시선은 면접 탈락의 지름길** : 자신도 모르게 다리를 떨거나 손가락을 만지는 등의 행동을 하는 지원자가 있는데, 이는 면접관의 주의를 끌 뿐만 아니라 불안하고 산만한 사람이라는 느낌을 주게 된다. 따라서 가능한 한 바른 자세로 앉아 있는 것이 좋다. 또한 면접관과 시선을 맞추지 못하고 여기저기 둘러보는 듯한 산만한 시선은 지원자가 거짓말을 하고 있다고 여겨지거나 신뢰할 수 없는 사람이라고 생각될 수 있다.

② 답변 관련 예절

㉠ **면접관이나 다른 지원자와 가치 논쟁을 하지 않는다.** : 질문을 받고 답변하는 과정에서 면접관 또는 다른 지원자의 의견과 다른 의견이 있을 수 있다. 특히 평소 지원자가 관심이 많은 문제이거나 잘 알고 있는 문제인 경우 자신과 다른 의견에 대해 이의가 있을 수 있다. 하지만 주의할 것은 면접에서 면접관이나 다른 지원자와 가치 논쟁을 할 필요는 없다는 것이며 오히려 불이익을 당할 수도 있다. 정답이 정해져 있지 않은 경우에는 가치관이나 성장배경에 따라 문제를 받아들이는 태도에서 답변까지 충분히 차이가 있을 수 있으므로 굳이 면접관이나 다른 지원자의 가치관을 지적하고 고치려 드는 것은 좋지 않다.

㉡ **답변은 항상 정직해야 한다.** : 면접이라는 것이 아무리 지원자의 장점을 부각시키고 단점을 축소시키는 것이라고 해도 절대로 거짓말을 해서는 안 된다. 거짓말을 하게 되면 지원자는 불안하거나 꺼림칙한 마음이 들게 되어 면접에 집중을 하지 못하게 되고 수많은 지원자를 상대하는 면접관은 그것을 놓치지 않는다. 거짓말은 그 지원자에 대한 신뢰성을 떨어뜨리며 이로 인해 다른 스펙이 아무리 훌륭하다고 해도 채용에서 탈락하게 될 수 있음을 명심하도록 한다.

㉢ **경력직을 경우 전 직장에 대해 험담하지 않는다.** : 지원자가 전 직장에서 무슨 업무를 담당했고 어떤 성과를 올렸는지는 면접관이 관심을 둘 사항일 수 있지만, 이전 직장의 기업문화나 상사들이 어땠는지는 그다지 궁금해 하는 사항이 아니다. 전 직장에 대해 험담을 늘어놓는다든가, 동료와 상사에 대한 악담을 하게 된다면 오히려 지원자에 대한 부정적인 이미지만 심어줄 수 있다. 만약 전 직장에 대한 말을 해야 할 경우가 생긴다면 가능한 한 객관적으로 이야기하는 것이 좋다.

㉣ **자기 자신이나 배경에 대해 자랑하지 않는다.** : 자신의 성취나 부모 형제 등 집안사람들이 사회·경제적으로 어떠한 위치에 있는지에 대한 자랑은 면접관으로 하여금 지원자에 대해 오만한 사람이거나 배경에 의존하려는 나약한 사람이라는 이미지를 갖게 할 수 있다. 따라서 자기 자신이나 배경에 대해 자랑하지 않도록 하고, 자신이 한 일에 대해서 너무 자세하게 얘기하지 않도록 주의해야 한다.

3 면접 질문 및 답변 포인트

(1) 가족 및 대인관계에 관한 질문

① 당신의 가정은 어떤 가정입니까?

면접관들은 지원자의 가정환경과 성장과정을 통해 지원자의 성향을 알고 싶어 이와 같은 질문을 한다. 비록 가정 일과 사회의 일이 완전히 일치하는 것은 아니지만 '가화만사성'이라는 말이 있듯이 가정이 화목해야 사회에서도 화목하게 지낼 수 있기 때문이다. 그러므로 답변 시에는 가족사항을 정확하게 설명하고 집안의 분위기와 특징에 대해 이야기하는 것이 좋다.

② 아버지의 직업은 무엇입니까?

아주 기본적인 질문이지만 지원자는 아버지의 직업과 내가 무슨 관련성이 있을까 생각하기 쉬워 포괄적인 답변을 하는 경우가 많다. 그러나 이는 바람직하지 않은 것으로 단답형으로 답변하면 세부적인 직종 및 근무연한 등을 물을 수 있으므로 모든 걸 한 번에 대답하는 것이 좋다.

③ 친구 관계에 대해 말해 보십시오.

지원자의 인간성을 판단하는 질문으로 교우관계를 통해 답변자의 성격과 대인관계능력을 파악할 수 있다. 새로운 환경에 적응을 잘하여 새로운 친구들이 많은 것도 좋지만, 깊고 오래 지속되어온 인간관계를 말하는 것이 더욱 바람직하다.

(2) 성격 및 가치관에 관한 질문

① 당신의 PR포인트를 말해 주십시오.

PR포인트를 말할 때에는 지나치게 겸손한 태도는 좋지 않으며 적극적으로 자기를 주장하는 것이 좋다. 앞으로 입사 후 하게 될 업무와 관련된 자기의 특성을 구체적인 일화를 더하여 이야기하도록 한다.

② 당신의 장·단점을 말해 보십시오.

지원자의 구체적인 장·단점을 알고자 하기 보다는 지원자가 자기 자신에 대해 얼마나 알고 있으며 어느 정도의 객관적인 분석을 하고 있나, 그리고 개선의 노력 등을 시도하는지를 파악하고자 하는 것이다. 따라서 장점을 말할 때는 업무와 관련된 장점을 뒷받침할 수 있는 근거와 함께 제시하며, 단점을 이야기할 때에는 극복을 위한 노력을 반드시 포함해야 한다.

③ 가장 존경하는 사람은 누구입니까?

존경하는 사람을 말하기 위해서는 우선 그 인물에 대해 알아야 한다. 잘 모르는 인물에 대해 존경한다고 말하는 것은 면접관에게 바로 지적당할 수 있으므로, 추상적이라도 좋으니 평소에 존경스럽다고 생각했던 사람에 대해 그 사람의 어떤 점이 좋고 존경스러운지 대답하도록 한다. 또한 자신에게 어떤 영향을 미쳤는지도 언급하면 좋다.

(3) 학교생활에 관한 질문

① 지금까지의 학교생활 중 가장 기억에 남는 일은 무엇입니까?

가급적 직장생활에 도움이 되는 경험을 이야기하는 것이 좋다. 또한 경험만을 간단하게 말하지 말고 그 경험을 통해서 얻을 수 있었던 교훈 등을 예시와 함께 이야기하는 것이 좋으나 너무 상투적인 답변이 되지 않도록 주의해야 한다.

② 성적은 좋은 편이었습니까?

면접관은 이미 서류심사를 통해 지원자의 성적을 알고 있다. 그럼에도 불구하고 이 질문을 하는 것은 지원자가 성적에 대해서 어떻게 인식하느냐를 알고자 하는 것이다. 성적이 나빴던 이유에 대해서 변명하려 하지 말고 담백하게 받아드리고 그것에 대한 개선노력을 했음을 밝히는 것이 적절하다.

③ 학창시절에 시위나 집회 등에 참여한 경험이 있습니까?

기업에서는 노사분규를 기업의 사활이 걸린 중대한 문제로 인식하고 거시적인 차원에서 접근한다. 이러한 기업문화를 제대로 인식하지 못하여 학창시절의 시위나 집회 참여 경험을 자랑스럽게 답변할 경우 감점요인이 되거나 심지어는 탈락할 수 있다는 사실에 주의한다. 시위나 집회에 참가한 경험을 말할 때에는 타당성과 정도에 유의하여 답변해야 한다.

(4) 지원동기 및 직업의식에 관한 질문

① 왜 우리 회사를 지원했습니까?

이 질문은 어느 회사나 가장 먼저 물어보고 싶은 것으로 지원자들은 기업의 이념, 대표의 경영능력, 재무구조, 복리후생 등 외적인 부분을 설명하는 경우가 많다. 이러한 답변도 적절하지만 지원 회사의 주력 상품에 관한 소비자의 인지도, 경쟁사 제품과의 시장점유율을 비교하면서 입사동기를 설명한다면 상당히 주목 받을 수 있을 것이다.

② 만약 이번 채용에 불합격하면 어떻게 하겠습니까?

불합격할 것을 가정하고 회사에 응시하는 지원자는 거의 없을 것이다. 이는 지원자를 궁지로 몰아넣고 어떻게 대응하는지를 살펴보며 입사 의지를 알아보려고 하는 것이다. 이 질문은 너무 깊이 들어가지 말고 침착하게 답변하는 것이 좋다.

③ 당신이 생각하는 바람직한 사원상은 무엇입니까?

직장인으로서 또는 조직의 일원으로서의 자세를 묻는 질문으로 지원하는 회사에서 어떤 인재상을 요구하는 가를 알아두는 것이 좋으며, 평소에 자신의 생각을 미리 정리해 두어 당황하지 않도록 한다.

④ 직무상의 적성과 보수의 많음 중 어느 것을 택하겠습니까?

이런 질문에서 회사 측에서 원하는 답변은 당연히 직무상의 적성에 비중을 둔다는 것이다. 그러나 적성만을 너무 강조하다 보면 오히려 솔직하지 못하다는 인상을 줄 수 있으므로 어느 한 쪽을 너무 강조하거나 경시하는 태도는 바람직하지 못하다.

⑤ 상사와 의견이 다를 때 어떻게 하겠습니까?

과거와 다르게 최근에는 상사의 명령에 무조건 따르겠다는 수동적인 자세는 바람직하지 않다. 회사에서는 때에 따라 자신이 판단하고 행동할 수 있는 직원을 원하기 때문이다. 그러나 지나치게 자신의 의견만을 고집한다면 이는 팀원 간의 불화를 야기할 수 있으며 팀 체제에 악영향을 미칠 수 있으므로 선호하지 않는다는 것에 유념하여 답해야 한다.

⑥ 근무지가 지방인데 근무가 가능합니까?

근무지가 지방 중에서도 특정 지역은 되고 다른 지역은 안 된다는 답변은 바람직하지 않다. 직장에서는 순환 근무라는 것이 있으므로 처음에 지방에서 근무를 시작했다고 해서 계속 지방에만 있는 것은 아님을 유의하고 답변하도록 한다.

(5) 여가 활용에 관한 질문

① 취미가 무엇입니까?

기초적인 질문이지만 특별한 취미가 없는 지원자의 경우 대답이 애매할 수밖에 없다. 그래서 가장 많이 대답하게 되는 것이 독서, 영화감상, 혹은 음악감상 등과 같은 흔한 취미를 말하게 되는데 이런 취미는 면접관의 주의를 끌기 어려우며 설사 정말 위와 같은 취미를 가지고 있다하더라도 제대로 답변하기는 힘든 것이 사실이다. 가능하면 독특한 취미를 말하는 것이 좋으며 이제 막 시작한 것이라도 열의를 가지고 있음을 설명할 수 있으면 그것을 취미로 답변하는 것도 좋다.

② 술자리를 좋아합니까?

이 질문은 정말로 술자리를 좋아하는 정도를 묻는 것이 아니다. 우리나라에서는 대부분 술자리가 친교의 자리로 인식되기 때문에 그것에 얼마나 적극적으로 참여할 수 있는 가를 우회적으로 묻는 것이다. 술자리를 싫어한다고 대답하게 되면 원만한 대인관계에 문제가 있을 수 있다고 평가될 수 있으므로 술을 잘 마시지 못하더라도 술자리의 분위기는 즐긴다고 답변하는 것이 좋으며 주량에 대해서는 정확하게 말하는 것이 좋다.

(6) 여성 지원자들을 겨냥한 질문

① 결혼은 언제 할 생각입니까?

지원자가 결혼예정자일 경우 기업은 채용을 꺼리게 되는 경향이 있다. 업무를 어느 정도 인식하고 수행할 정도가 되면 퇴사하는 일이 흔하기 때문이다. 가능하면 향후 몇 년간은 결혼 계획이 없다고 답변하는 것이 현실적인 대처 요령이며, 덧붙여 결혼 후에도 일하고자 하는 의지를 강하게 내보인다면 더욱 도움이 된다.

② 만약 결혼 후 남편이나 시댁에서 직장생활을 그만두라고 강요한다면 어떻게 하겠습니까?

결혼적령기의 여성 지원자들에게 빈번하게 묻는 질문으로 의견 대립이 생겼을 때 상대방을 설득하고 타협하는 능력을 알아보고자 하는 것이다. 따라서 남편이나 시댁과 충분한 대화를 통해 설득하고 계속 근무하겠다는 의지를 밝히는 것이 좋다.

③ 여성의 취업을 어떻게 생각합니까?

여성 지원자들의 일에 대한 열의와 포부를 알고자 하는 질문이다. 많은 기업들이 여성들의 섬세하고 꼼꼼한 업무능력과 감각을 높이 평가하고 있으며, 사회 전반적인 분위기 역시 맞벌이를 이해하고 있으므로 자신의 의지를 당당하고 자신감 있게 밝히는 것이 좋다.

④ 커피나 복사 같은 잔심부름이 주어진다면 어떻게 하겠습니까?

여성 지원자들에게 가장 난감하고 자존심상하는 질문일 수 있다. 이 질문은 여성 지원자에게 잔심부름을 시키겠다는 요구가 아니라 직장생활 중에서의 협동심이나 봉사정신, 직업관을 알아보고자 하는 것이다. 또한 이 과정에서 압박기법을 사용해 비꼬는 투로 말하는 수 있는데 이는 자존심이 상하거나 불쾌해질 때의 행동을 알아보려는 것이다. 이럴 경우 흥분하여 과격하게 답변하면 탈락하게 되며, 무조건 열심히 하겠다는 대답도 신뢰성이 없는 답변이다. 직장생활을 위해 필요한 일이면 할 수 있다는 정도의 긍정적인 답변을 하되, 한 사람의 사원으로서 당당함을 유지하는 것이 좋다.

(7) 지원자를 당황하게 하는 질문

① 성적이 좋지 않은데 이 정도의 성적으로 우리 회사에 입사할 수 있다고 생각합니까?

비록 자신의 성적이 좋지 않더라도 이미 서류심사에 통과하여 면접에 참여하였다면 기업에서는 지원자의 성적보다 성적 이외의 요소, 즉 성격 · 열정 등을 높이 평가했다는 것이라고 할 수 있다. 그러나 이런 질문을 받게 되면 지원자는 당황할 수 있으나 주눅 들지 말고 침착하게 대처하는 면모를 보인다면 더 좋은 인상을 남길 수 있다.

② 우리 회사 회장님 함자를 알고 있습니까?

회장이나 사장의 이름을 조사하는 것은 면접일을 통고받았을 때 이미 사전 조사되었어야 하는 사항이다. 단답형으로 이름만 말하기보다는 그 기업에 입사를 희망하는 지원자의 입장에서 답변하는 것이 좋다.

③ 당신은 이 회사에 적합하지 않은 것 같군요.

이 질문은 지원자의 입장에서 상당히 곤혹스러울 수밖에 없다. 질문을 듣는 순간 그렇다면 면접은 왜 참가시킨 것인가 하는 생각이 들 수도 있다. 하지만 당황하거나 흥분하지 말고 침착하게 자신의 어떤 면이 회사에 적당하지 않는지 겸손하게 물어보고 지적당한 부분에 대해서 고치겠다는 의지를 보인다면 오히려 자신의 능력을 어필할 수 있는 기회로 사용할 수도 있다.

④ 다시 공부할 계획이 있습니까?

이 질문은 지원자가 합격하여 직장을 다니다가 공부를 더 하기 위해 회사를 그만 두거나 학습에 더 관심을 두어 일에 대한 능률이 저하될 것을 우려하여 묻는 것이다. 이때에는 당연히 학습보다는 일을 강조해야 하며, 업무 수행에 필요한 학습이라면 업무에 지장이 없는 범위에서 야간학교를 다니거나 회사에서 제공하는 연수 프로그램 등을 활용하겠다고 답변하는 것이 적당하다.

⑤ 지원한 분야가 전공한 분야와 다른데 여기 일을 할 수 있겠습니까?

수험생의 입장에서 본다면 지원한 분야와 전공이 다르지만 서류전형과 필기전형에 합격하여 면접을 보게 된 경우라고 할 수 있다. 이는 결국 해당 회사의 채용 방침상 전공에 크게 영향을 받지 않는다는 것이므로 무엇보다 자신이 전공하지는 않았지만 어떤 업무도 적극적으로 임할 수 있다는 자신감과 능동적인 자세를 보여주도록 노력하는 것이 좋다.

02 면접기출

1 한국어촌어항공단 면접기출

① 1분간 자기소개를 해 보시오.

② 공단 지원동기는 무엇입니까?

③ 우리 공단은 출장 업무가 많은데 괜찮습니까?

④ 입사 후 상사나 동기 간에 불화가 생겼을 경우 어떻게 대처하겠습니까?

⑤ 우리 공단이 어떤 일을 하는지 알고 있습니까?

⑥ 공단 업무 중 본인이 가장 자신 있는 분야는 무엇입니까?

⑦ 선내 갈등 최소화 방안은 무엇이 있을지에 대해 말해 보시오. (토론)

⑧ 어항관리선과 상선의 특징에 대해 말해 보시오.

⑨ 저기압권역 발생 원인에 대해 설명해 보시오.

⑩ 간출암이 무엇인지 설명해 보시오.

⑪ 주52시간 도입 의도와 그에 대한 본인의 견해를 말해 보시오.

⑫ 어촌의 고령화 문제 해결방안을 제안해 보시오.

⑬ 귀어 청년이 중도에 포기하는 것에 대한 해결방안을 제안해 보시오.

⑭ 우리나라의 1인당 수산물 소비량을 늘리기 위한 방안을 말해 보시오.

⑮ 살면서 가장 힘들었던 경험과 어떻게 극복했는지 말해 보시오.

⑯ 원하는 부서는 어떤 부서이고, 그 부서에 배치되면 어떤 방향으로 일을 하고 싶은지 말해 보시오.

⑰ 선박사고 원인과 해결법에 대해 말해 보시오. (발표)

⑱ 우리 공단 소속 선박에 대해 아는 대로 말해 보시오.

⑲ 유연근무제에 대한 자신의 견해와 우리 공단에 적합한 근무제는 무엇인지 말해 보시오. (토론)

⑳ 어촌의 6차 산업화에 대해 아는 대로 설명해 보시오.

2 공기업 면접기출

① 상사가 부정한 일로 자신의 이득을 취하고 있다. 이를 인지하게 되었을 때 자신이라면 어떻게 행동할 것인가?

② 본인이 했던 일 중 가장 창의적이었다고 생각하는 경험에 대해 말해보시오.

③ 직장 생활 중 적성에 맞지 않는다고 느낀다면 다른 일을 찾을 것인가? 아니면 참고 견뎌내겠는가?

④ 자신만의 특별한 취미가 있는가? 그것을 업무에서 활용할 수 있다고 생각하는가?

⑤ 면접을 보러 가는 길인데 신호등이 빨간불이다. 시간이 매우 촉박한 상황인데, 무단횡단을 할 것인가?

⑥ 원하는 직무에 배치 받지 못할 경우 어떻게 행동할 것인가?

⑦ 상사와 종교 · 정치에 대한 대화를 하던 중 본인의 생각과 크게 다른 경우 어떻게 하겠는가?

⑧ 타인과 차별화 될 수 있는 자신만의 장점 및 역량은 무엇인가?

⑨ 자격증을 한 번에 몰아서 취득했는데 힘들지 않았는가?

⑩ 오늘 경제신문 첫 면의 기사에 대해 브리핑 해보시오.

⑪ 무상급식 전국실시에 대한 본인의 의견을 말하시오.

⑫ 공기업인 · 공무원이 갖추어야 하는 덕목을 말해보시오.

⑬ 외국인 노동자와 비정규직에 대한 자신의 의견을 말해보시오.

⑭ 장래에 자녀를 낳는다면 주말 계획은 자녀와 자신 중 어느 쪽에 맞춰서 할 것인가?

⑮ 공사 진행과 관련하여 민원인과의 마찰이 생기면 어떻게 대응하겠는가?

⑯ 직장 상사가 나보다 다섯 살 이상 어리면 어떤 기분이 들겠는가?

⑰ 현재 심각한 취업난인 반면 중소기업은 인력이 부족하다는데 어떻게 생각하는가?

⑱ 지방이나 오지 근무에 대해서 어떻게 생각하는가?

⑲ 상사에게 부당한 지시를 받으면 어떻게 행동하겠는가?

⑳ 최근 주의 깊게 본 시사 이슈는 무엇인가?